투사그림검사

별–파도그림검사　발테그그림검사　나무그림검사

스기우라 쿄코(杉浦京子) · 가네마루 류타(金丸隆太) 공저 ┃ 이근매 역

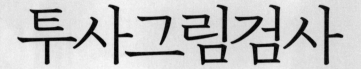

Projective Drawing Techniques Test Battery:
Star Wave Test,
Wartegg Drawing Test,
Baum Test

학지사

　내담자들의 심리상태를 정확하게 진단하고 평가하는 것은 매우 중요하다. 병원뿐 아니라 여러 상담센터에서도 많이 사용되고 있는 표준화 검사들은 수많은 연구로 검증되어 왔고, 연령과 소분류에 따라 세분화되어 점점 발전해 왔다. 그러나 의학에서 진단하는 '병'과는 달리 심리상태의 진단과 평가에는 단순히 유형 분류나 원인, 경중 평가뿐 아니라 포괄적인 맥락을 이해하고 내담자의 통합적인 평가를 포함해야 한다는 한계점에 대한 지적도 끊이지 않고 있다.

　이 한계점을 보완하기 위한 수단으로 투사검사가 고안되어 널리 사용되어 왔다. 현재 많은 심리학자와 정신과 의사를 포함한 임상가는 내담자를 이해하는 데 표준화 검사와 함께 적어도 두세 가지 정도의 투사검사를 함께 활용하여 평가의 지표로 삼고 있다. 내담자를 조금 더 다각도로, 그리고 통합적인 접근에서 보기 위해 끊임없이 노력하고 있으며, 질문지법의 단점과 제한점을 보완하기 위하여 투사그림검사가 개발 사용되고 있다.

　그림은 개인의 심리상태를 이해하는 데 도움이 되는 도구로서 활용되고 있다. 또한 말로 표현하기 어려운 자신의 감정이나 내적 상태를 무의식적으로 표출하게 하므로 그림은 언어 이상의 역할을 하는 유용한 도구로 알려져 있다. 특히 프로이트계의 정신분석가들은 환자의 그림을 그들의 현재 정신상태에 관한 정보를 얻는 수단으로 사용하였다. 1940년을 전후하여 그림이 정서적인 양상과 성격을 알아내는 투사검사로 사용될 수 있다는 생각이 대두되면서 투사그림검사라는 용어가 등장하였다.

특히 미술치료에서 투사그림검사는 임상 장면에서뿐 아니라 사례연구, 실험연구 등 모든 연구 분야에서 미술치료의 대표적 사정 방법으로 그 활용도가 매우 높다. 투사그림검사는 개인의 심층과 병리를 측정한다는 데 큰 의의가 있으며, 언어능력에 의존하지 않는 비언어성 검사로 피검사자의 언어적 능력에 영향을 받지 않을 수 있고, 미술치료에서 그 활용도가 매우 높다고 할 수 있다.

이러한 의미에서 이 책은 표준화 검사의 한계점을 극복하고, 투사그림검사로만 내담자를 진단평가하는 도구로 활용 가능하다는 것을 소개하는 데 큰 의의가 있다. 역자는 임상가들에게 투사그림검사만을 활용하여 내담자를 평가하는 투사그림검사 배터리의 의미와 심도 있는 활용방법을 전달할 기회를 얻게 되어 매우 기쁘다.

이 책은 총 6장으로 구성되어 있다. 투사그림검사 배터리라는 개념을 소개하고 그 구성 검사인 별-파도그림검사, 발테그그림검사, 나무그림검사의 실시 방법과 해석 방법, 그리고 유의점과 사례를 소개한 것이 특징이다. 일반적인 질문지법과 투사그림검사를 조합한 진단평가와 달리 투사그림검사만으로 조합하여 내담자를 진단평가하고 실제 사례연구를 통하여 투사그림검사의 유용성을 제시해 주고 있다.

제1장에서는 투사그림검사 배터리의 개념과 정의, 그림검사의 이점 등에 대해 설명하였다. 그림검사의 바탕이 된 이론, 즉 분석심리학과 현상학, 공간 상징론, 필적학 등에 대하여 설명하여 투사그림검사 이해의 깊이를 더해 주고 있다.

제2장에서는 별-파도그림검사의 역사와 기초개념, 실시 방법과 해석의 5단계를 설명하였다. 각 단계에 따른 예시 그림을 제시하여 검사자들이 별-파도그림검사의 해석을 이해하기 쉽게 하고 있다.

제3장에서는 발테그그림검사의 역사와 기초개념, 실시 방법과 종합적 해석에 대하여 설명하였다. 이 장에서도 각 단계에 따른 예시 그림을 제시하여

검사자들이 발테그그림검사의 해석 또한 이해하기 쉽게 하고 있다.

제4장에서는 나무그림검사의 역사, 특히 나무와 사람의 공통점과 차이점을 통하여 나무그림검사의 기초개념을 설명하였다. 나무그림검사의 실시 방법과 종합적 해석에 대해서도 피검자의 다양한 그림 패턴과 함께 나무그림검사를 소개하고 있다.

제5장에서는 투사그림검사 배터리 실시 시 유의점, 대상자, 실시 방법, 해석 방법으로 나누어 투사그림검사 배터리 사용에 대해 종합적으로 설명하였다.

마지막으로, 제6장에서는 심신질환자와 청소년에 대한 사례연구를 다루어 투사그림검사에 대한 보다 심도 있는 이해를 도와 현장에서 유용하게 활용할 수 있도록 하였다.

그림, 즉 미술작품에는 한 개인의 독특성, 경험 등이 나타나게 되므로 심리 진단평가와 치료의 도구가 된다. 이러한 생각을 바탕으로 미술치료에서 심리진단과 치료과정에 투사그림검사가 많이 사용되고 있다. 이에 이 책이 많은 임상가에게 도움이 되었으면 하는 바람이다.

이 책이 출판되기까지 많은 분의 도움이 있었다. 원고 정리를 도와준 김진희 교수, 강현정, 권소선 선생에게 깊은 감사의 마음을 전한다. 학지사 김진환 사장님과 매우 세심한 교정과 편집으로 책의 질을 높여 준 박수민 선생님을 비롯한 임직원들에게도 감사의 마음을 전한다.

2019년 8월
역자 이근매

서문

별-파도그림검사의 창안자인 울쥬라 아베랄르멘(Ursula Avé-Lallemant)은 2004년 7월 6일 90세의 나이로 생을 마쳤다. 필자와 공저자인 가네마루 류타 (金丸隆太)는 2000년 8월 독일 뮌헨에서 3일에 걸쳐 아베랄르멘에게 직접 투사그림검사 배터리(별-파도·발테그그림검사, 나무그림검사, 필적)의 세미나를 받았다. 아베랄르멘이 큰 병을 치른 후 건강회복이 더딘 관계로 세미나는 오전 9시부터 오후 1시까지 3일에 걸쳐 진행되었다. 투병 중에도 우리 10명의 일본인을 위해 강의를 진행했고, 하루, 이틀이 지나면서 점차 건강이 회복되어 열정적인 강의를 이어 나갈 수 있었다. 3일째 되던 날에는 계속해서 세미나를 이어 가도 될 정도로 상태가 호전되었고, 기분 좋게 인사를 하며 헤어졌던 기억이 난다. 이때, 과거 교토(京都)대학교에서 유학을 했던 브루노 라이너(Bruno Rhyner)가 통역해 주었다.

다음 해에 아베랄르멘의 저서인 발테그그림검사와 나무그림검사의 번역서에 대한 책임 편집 작업이 시작되었다. 원고에 궁금한 점이 많아 직접 아베랄르멘의 지도를 청하고자 하였다. 그러나 아베랄르멘의 병세가 좋지 않아 대신 수제자인 브루노 라이너가 있는 스위스를 방문하였다. 번역 중인 원고와 슈퍼비전 받을 사례를 가지고 당시 고쿠시칸(国士舘)대학교(현재의 도쿄복지대학교)의 스즈키 야스아키(鈴木康明)와 함께 3일 동안 바트라가츠의 라인강 원류 부근에 있는 라이너의 클리닉을 다녀 왔다. 2003년 여름에 다시 여름 세미나를 기획하였지만, 아베랄르멘이 슈바르츠발트(역자 주: 검은 숲이라는 뜻) 지방에서 요양 중이어서 세미나는 물거품이 되었다. 그래서 라이너의 세

미나를 기획하였고, 세미나 참석을 위해 도쿄가정대학교의 콘지키 후지코(近喰 ふじ子)를 단장으로 11명의 일본인이 스위스에 가게 되었다. 가네마루와 필자도 이 세미나에 참가하였다. 이러한 이유로 아베랄르멘과 만나 직접 가르침을 받을 수 있었던 것은 결국 2000년도 세미나뿐이었다.

이 책은 아베랄르멘의 부고 전에 기획되었지만 생각하지도 못한 보은의 의미를 가지게 되었다. 이 책의 집필을 계획하고 나서 다른 일들과 개인 사정 등으로 인해 예상과 달리 몇 년이 흘렀다. 아베랄르멘의 부고로 인하여 아베랄르멘의 긴 임상경험의 식견이나 제안을 여러 일본인에게 전달하는 역할에 대해 책임감을 무겁게 느끼며, 번역서와는 다르게 전부 일본인의 그림을 사용하여 가네마루와 함께 읽기 편하고 이해하기 쉬운 입문서가 될 수 있도록 노력하였다.

2005년에는 이스라엘의 다프너 야론(Dafna Yalon) 여사에 의해 『별−파도그림검사: 생애발달을 통해−이론 · 연구와 실천의 발전−』이 캐나다에서 출판되었다. 이것은 현재 번역 작업 중이다. 또한 2009년 9월에는 현재 오쓰마(大妻)여자대학의 가츠키 나나코(香月奈々子)가 『별−파도그림검사: 기초와 임상적 응용』을 출판하였다. '그리다'라는 것부터 쓰기 시작하여 별−파도그림검사의 개요, 진단적 측면과 치료적 측면을 동시에 지닌 진단도구로서의 소개, ① 로르샤흐 검사(Rorschach test)와의 비교, ② 청년기 · 성인기 초기 및 노년기를 대상으로 한 연구, ③ 그림검사 해석의 기준이 되는 지표연구 및 사례연구로 이루어져 있다. 일본에서의 별−파도그림검사가 착실한 임상에 근거하여 크게 발전된 점을 기쁘게 생각한다.

아베랄르멘이 제안한 검사 배터리는 그중에서도 학교상담이나 사법 영역에 효과가 있지만, 산업이나 복지, 의료 현장에서도 활용이 가능하기 때문에 다양한 임상 현장에서 도움이 되었으면 하는 바람이다.

2012년 6월

스기우라 쿄코

차례

제1장
투사그림검사 배터리

필자들이 굳이 그림검사를 투사그림검사라고 부르는 것은 독일의 심리학자·필적학자인 울쥬라 아베랄르멘(Ursula Avé-Lallemant, 1914~2004)이 제안한 '투사그림검사 배터리'를 소개하기 위함이다. 투사법은 'Projective methods(投映法)' 'Projective techniques(投影法)'의 번역어이다. 연구자에 따라 용어 선택을 달리하는데, 오까도(岡堂, 1993)[1]는 "무의식 과정을 투사시키는 수단으로 생각하는 입장에서는 투사법(投影法)이라는 용어를 선호한다."라고 지적하였다. 이 책에서는 Projective methods의 기능을, 프로이트(Freud)가 제창한 방어기제의 한 종류인 투사(projection)의 양상을 이끌어 내는 것으로서 한정적으로 인식하는 것이 아니라, 피검자의 성격 경향을 의식적 수준에서 무의식적 수준에 이르기까지 폭넓게 비추는 기법으로서 평가한다는 까닭에서 투사(投映)를 사용하기로 하였다.

1. 투사법

　투사법(projective methods, 投映法)이란 성격 연구법의 한 종류로, 애매한 자극에 대한 개인의 반응을 분석하여 그 개인의 주된 무의식을 알아보기 위한 것이다. 애매한 자극에 대하여 개인이 과거의 체험 등을 통하여 독자적으로 의미 부여를 한다는 투사법의 아이디어는 이미 레오나르도 다빈치(Leonardo da Vinch) 시대 때부터 알려져 왔지만, 심리학적인 연구는 19세기

말인 약 100년 전에 시작되었다. 그 세월 동안 인기가 있었던 시기도 있었지만, 투사법의 위기라고 불리던 시기도 있었다. 하지만 현재 투사법은 임상에 유용하게 활용되고 있다.

투사법 이론에는 ① 프랑크(Frank, 1939)[3]의 투영가설, ② 콜먼(Coleman, 1956)[4]의 레벨가설, ③ 프로이트의 분석이론, ④ 학습이론, ⑤ 지각이론 및 인식이론, ⑥ 장소이론 등이 있지만 그 내용은 『투사그림검사 가이드북』이나 다른 책에서 참고하기를 바란다. 그런데 이러한 많은 가설에 적용해 보아도 결국 투사법을 설명하기 위한 결정적이고 유일한 이론은 존재하지 않는다. 그러나 프랑크에 의한 투영가설 외에 인간을 인격적인 면에서부터 하나의 전체로 파악하는 전체론적 입장이 투사법을 지탱하고 있는 기반이 아닐까 생각한다. 또한 각각의 투사법은 각 특성과 한계를 확실히 가지고 있고, 인격의 어떤 측면과 수준을 다루고 있는지를 명확하게 하는 것이 투사법을 효과적으로 활용하기 위한 매우 중요한 연구과제로 여겨진다. 이러한 관점 하에서 투사법 연구는 임상 현장에서 내담자에 대한 이해를 도모하고 촉진시키는 역할을 해 준다.

2. 그림검사

1) 그림검사의 이점

그림검사의 이점에 대해 볼랜더(Bolander, 1977)[5]는 『나무 그림을 통한 성격의 이해(Assessing personality through tree drawing)』에서 해머(Hammer, 1958)[6]의 논술을 들어 설명하였다. 그림검사의 이점을 정리해 보면 다음과 같다.

• 실시가 비교적 간단하다.

- 실시 시간이 비교적 짧고, 필요한 시간과 에너지에 비해서 정보가 풍부하다.
- 신속하게 내담자에 대한 선별을 할 수 있다.
- 검사 배터리로서 내담자에게 위협이 적으며, 매우 흥미 있는 도입검사이다.
- 실시가 용이하고 간단하게 다룰 수 있기 때문에 개인검사 및 집단검사에도 사용이 가능하다.
- 비언어적인 투사법은 학력이 낮은 사람, 지적 장애인, 언어 수준이 낮은 사람, 매우 소심한 사람, 추상적 사고가 어려운 사람 등에게 확연한 도움이 된다.
- 그림검사는 방어적인 사람이나 경계가 심한 피검자 및 교정시설의 피수용자 등에게도 사용할 수 있다.
- 그림검사가 경험을 나타내는 곳에서는 로르샤흐 검사보다 기질 질환의 발견이 확실히 용이하다.
- 연구목적으로서 행동의 '순수한' 표본을 얻을 수 있다.
- 그림검사는 신속하게 실시가 가능하며, 기억의 영향을 적게 받으며, 재검사가 용이하기 때문에 심리치료의 변화를 검토하거나 내담자의 갈등이 심리치료 장면에서 분명해지기 전에 치료자가 그 갈등을 알아차릴 수 있다.
- 그림검사는 게슈탈트(형태)로서 성격 전체를 보여 주기 때문에 경험이 있는 임상가라면 성격의 여러 가지 성분관계를 용이하게 해석할 수 있다(즉, 로르샤흐 검사의 해석과 같은 채점 방식이나 다양한 내용의 주제를 동시에 유의할 필요 없이 주의 깊게 그림을 관찰하는 것만으로도 성격의 요인과 상호관계를 알 수 있다).
- 투사법의 훈련을 받지 않은 정신과 의사에게도 그림검사의 자료 설명은 용이하며 이해하기 쉽다.

앞에서 제시한 그림검사의 이점은 경험적 관찰로부터의 가설이며, 과학적으로는 아직 분명하게 밝혀진 것은 아니다. 그림에 관하여 제기된 경험적 가설을 검토하기 위해 여러 곳에서 종사하고 있는 심리학자들은 이 임상적 관찰에 자극되어 연구 또는 자료 수집을 진행하는 것이 요망된다. 그림의 가치에 대해서는 앞에 열거한 것으로도 충분하지만 다소 과장된 면도 있을 것이다. 결론적으로 말하면, 그림검사는 실시와 채점이 용이할 뿐 아니라 검사자의 해석 면에서 많은 다른 검사보다도 흥미로운 이점이 있다.

이상의 사항을 요약해 보면, 그림검사 실시는 단시간에 이루어지고, 대상을 묻지 않고, 그림을 주의 깊게 언뜻 보아야 하며, 경험이 있는 임상가라면 용이하게 해석할 수 있고, 검사자의 해석에 대해 흥미가 있다는 점 등을 들수 있다. 필자들은 여기서 그림검사는 '행하는 것은 쉽게, 분석은 어렵게'라는 생각을 가지고 있다. 해머가 말하는 것처럼 경험적 가설을 어느 정도 실증할 수 있는가가 앞으로의 과제이다.

2) 그림검사의 이론

다카하시(高橋, 1993)[7]는 다른 투사법과 그림검사의 차이점으로 자극의 구조도와 비언어적 의사소통을 들었다. "다카하시는 자극이 주어지지 않는 경우에는 피검자 스스로 자극을 구조화시켜야 한다. 자극은 자발적이고 적극적인 반응을 구성해 나가는 자기표출의 심리과정을 나타낸다. 비언어적 의사소통은 사람이 말로 자신의 행동이나 욕구, 감정을 명확하게 표현할 수 없을 때, 말로 표현할 수 없는 내용이나 무의식의 내용을 그림을 통해 표현한다. 혹은 그림에 상징적으로 표현되기도 한다. 여기서는 정신분석학, 문화인류학, 발달심리학, 신화, 동화, 예술작품의 지식이 필요하다."라고 말했다. 신화나 동화, 예술작품은 융(Jung)의 분석심리학을 근거로 하고 있다. 정신분석학, 문화인류학, 발달심리학은 관련 도서를 참고하기 바라며, 이 책에서는 그림검사의 이론으로서 융의 분석심리학 및 공간 상징론, 현상학, 필적학을 중심으로 소개할 것이다.

(1) 분석심리학(융 학파)

오늘날 사용하고 있는 그림 분석 이론의 기초를 만든 사람은 융(Jung, 1875~1961)이라고 보고되고 있다(角野, 2004)[8]. 그 이전에 이미 프로이트가 레오나르도 다빈치의 〈모나리자의 미소〉나 미켈란젤로(Michelangelo)의 〈모세〉를 세밀하게 분석하여 예술작품이 만든 이의 마음 심층을 상징적으로 표현한다는 것을 발견하였고, 그림 해석에 대해 우리의 눈을 열어 주었다. 그러나 프로이트는 그 일을 예술가가 아닌 일반인의 그림에 적용시키지는 않았다. 일반인의 그림에까지 심리학적 해석을 적용하여 가치를 두고, 거기에 치료나 그린 사람의 창조적인 생활을 이끄는 가능성을 발견한 것은 융이라고 사료된다.

융에 의하면, 그림은 그리는 사람의 개인 내면을 반영하는 것뿐만 아니라 인류 공통의 이미지나 상징도 표현한다고 생각했다. 즉, 개인 무의식과 집단 무의식의 영역이야말로 그림에 표현되는 내용의 원천이라는 것이다. 이러한 집단 무의식이란 개인 무의식 층의 더 아래층, 문화, 지역, 시대에 관계없이 모든 인간에게 공통적인 기반이며, 마음의 심층에 존재하는 풍부한 신화적 모티프나 상징이 활동하고 있는 영역이다. 그 영역은 종교, 꿈이나 판타지, 그림이나 문학 등 여러 가지 예술작품에 이미지 혹은 상징으로 모양을 표현하는 것이다.

집단 무의식이란 인류의 창조적인 심적 원인이며, 거기서 떠오르는 이미지나 상징은 꿈, 그림 등 표현 방식은 달라도 원천은 동일하다. 이러한 이유로 융 파가 무의식으로 인한 그림을 볼 때, 꿈 분석에서의 상징 이해나 신화적 모티프까지 넓게 받아들여 깊게 해석한 것으로 말할 수 있다. 꿈과 그림이 무의식 수준을 동일하게 하는 네트워크에 있다면, 꿈 분석과 동일한 접근을 그림에 적용하는 것은 매우 자연스러운 일이다.

　즉, 융의 분석심리학에서 그림검사의 사용은 그림에서 개인 무의식의 투사를 분석해 가는 것과 그 그림에 나타난 상징이 말하고 있는 것에 귀를 기울여 집단 무의식으로의 탐구를 깊게 하는 것이다. "그림 속의 상징이 집단 무의식으로부터 유래된 것을 이해하고 인식한다면, 그림에 관한 특유의 의문에 답하거나 해석할 때 도움이 된다."(Furth, 1998).[9] 그리고 집단 무의식의 탐구를 진행할 때에는 꿈 분석이나 신화, 종교, 동화 등의 모티프가 집단 무의식이라는 창조적인 원천을 동일하게 봄으로써 우리가 그림을 이해하는 데 도움이 될 것이라고 생각한다.

　또한 바깥 환경에서 일어나는 문제의 제1 구성 요소인 개인의 콤플렉스에 관하여 그 보살핌이나 적응법도 그림이나 꿈에 상징적으로 나타난다고 알려져 있다. 즉, 그 상징을 따라갈 때 우리는 무의식 안에 존재하는 콤플렉스에 가까이 다가가 이해할 수 있으며, 콤플렉스에 매여 있는 에너지를 움직이는 것으로 마음의 성장 및 발전을 촉구할 수 있다.[9]

　그런데 융이 상징의 중요성을 강조한 것은 상징이 집단 무의식, 즉 인류 공통의 창조성을 가진 무의식으로부터 오는 표현 방식이기 때문이며, 이러한 상징이 그림을 그린 대상을 치료하는 것에 효과적이라고 생각했기 때문이다. 창조적 무의식이라고도 부를 수 있는 집단 무의식에는 자율적으로 움직여 마음의 평형을 갖는 항상성(homeostasis) 및 의식을 보상하는 기능이 있다. 인간이 가진 창조성이 발휘되는 것에 치료의 목표를 둔 융의 관점으로 말하면, 이러한 움직임을 가진 인간의 창조성이 충분히 발휘된다면 인간의 증상과 고통은 저절로 해방될 것으로 보인다(角野, 2004).[8] 그렇기 때문에 창조적 무의식에서 생겨나는 그리기 행위 자체야말로 마음의 균형을 되돌리는 치료적인 움직임이 있다고 말할 수 있으며, 그림에 나타난 이미지나 상징을 정중히 사용하는 것이 중요하다고 말할 수 있다. 앞서 말한 콤플렉스의 관점으로 설명하더라도, 마음속의 이미지를 형태로 하는 그리기 행위와 그림을 다루는 것의 치료적 측면을 강조하는 융의 그림 분석 이론에는 예술 치료에 관한 사상이 면면히 흐르고 있다. 이는 그림 분석은 물론이고, 그림이 임상에서 유익할 수 있도록 초점을 두고 있다.

원래 융 자신도 그림을 포함한 이미지의 창조적 활동에 뛰어들어 자기분석을 행했던 시기가 있었고, 그에 따른 치료 과정으로 만다라를 그리는 것은 그가 얻게 된 체험의 일부였다. 그것은 1913년에 프로이트와 결별한 이후, 자신의 방향성을 완전하게 잃은 융이 그만의 심리학적 성장을 추구해야 하는 시기에서부터 시작한 것이었다. 이는 고뇌의 길이었고, 때때로 정신병에 가까운 상태가 될 정도였다고 한다. 그러한 고통 속에서 그는 자신의 무의식으로부터 떠오른 공상이나 내용을 정리해 이해하기에 이르렀고, 마음에 떠오르는 것을 따르기로 결심하게 되었다. 일례로, 10살 즈음에 돌을 쌓아 작은 집이나 성을 지었던 추억을 더듬어 '건축놀이'를 하거나 돌에 조각을 하였으며, 마음에 떠오른 이미지를 차례차례 그림으로 그려 냈다. 이때 이미지로 그림에 표현되었던 것은 개인적인 내용이라기보다는 오히려 신화적인 성질을 띤 깊은 심층에서 나온 것이었다고 한다. 즉, 집단 무의식은 융에게 있어서 중요한 사상과 이어지는 체험이었다.

그리고 드디어 1916년에 만다라가 그림에 나타나게 되었는데, 융은 그것을 인간적인 전체성의 상징 혹은 심적인 자기중심지향 과정—개성화—의 자기 표현으로 해석하였고, 이를 통해 그린 과정과 함께 스스로 나아가야 할 길을 찾아갔다(角野, 2004).[8] 융은 그림(창조적 무의식)에 숨겨진 그린 사람 자신을 치유할 수 있는 가능성을 인상 깊게 보기 시작하였고, 마음속에 나타난 이미지를 그림으로 그리도록 환자에게 권유하기 시작하게 된 계기가 되었다.

융은 무의식으로부터 유래한 그림과 상징에 가치를 두고 그림이 가진 치료적 측면을 강조하였지만, 안타깝게도 그림 분석법을 제시하지는 않았다(Furth, 1998)[9]. 융의 사상을 이어받아 발전시킨 것은 야코비(Jacobi)와 바흐

(Bach), 그리고 퍼스(Furth)이다. 퍼스에 따르면, 처음으로 그림 해석법을 가르치려고 시도한 것은 야코비였고, 거기에 진보된 연구를 제시한 것은 바흐였다(Bach, 1990).[10] 즉, 바흐는 그림에 담겨 있는 무의식적인 내용을 심리학으로 해독할 수 있음을 증명하였고, 무의식이 그러한 내용을 통해 신체 현상을 정교하게 투사할 수 있다는 것도 제시하였다. 또한 고고학에서는 인류학, 꿈과 신화 등의 영역에 나타난 상징을 그림 이해를 위해서 정중하게 설명하고 있으며, 그러한 영역들—다른 표현 형식—의 안쪽 깊숙히 흐르는 공통의 창조적 무의식을 보여 주고 있다.[10] 그리고 바흐의 지도를 받은 퍼스가 그녀의 사상과 방법을 이어받아 더욱 실천적이고 체계적으로 그림에 대한 접근과 연구에 성공하였다.[9]

그림에 심리학을 적용하고 그림을 사용하여 정신구조나 인격에 접근해 나가는 방법이 보급된 현재, 이러한 분석심리학의 사상은 그림이 가진 진단과 치료적 측면의 양면에서 우리에게 많은 견해를 가르쳐 주고 있다.

아베랄르멘은 그림검사의 상징으로 형태와 움직임, 공간배치의 세 가지를 들었다. '형태'는 그림검사의 과제, 예를 들면 별–파도, 나무, 집, 사람 등을 어떠한 주제로 그렸는지, 그린 그림에 어떠한 형태로 그 과제가 표현되어 있는지이다. '움직임'은 그 파도가 큰 파도인지, 일렁이지 않는 조용한 바다인지 등의 동적 표현이 있는지 없는지이다. '움직임'은 필기도구의 사용법에 수렴된다고 할 수 있다. 선에 힘이 있는가 없는가, 강한 필적으로 그려져 있는가, 혹은 숨이 끊어질 듯한 선으로 그려져 있는가 등이며, 필적학은 분명히 기여한다고 할 수 있다. '공간배치'는 검사 용지의 중앙에 묵직이 선 모양인가 혹은 구석에 작게 위축된 모양으로 그려져 있는가 등이다. '공간배치'는 공간 상징론과 관련된다.

(2) 현상학

현상학의 개념을 근대 철학 사상에 명확히 세운 것은 헤겔(Hegel, 1770~1831)의 정신현상학이다. 또한 정신병리학의 방법론으로 현상학이라는 용어를 처음으로 주창한 학자는 철학연구가 바뀌기 전의 정신병리학자인 야스퍼스(Jaspers, 1883~1969)이다. 그러나 오늘날의 현상학적 심리학은 오히려 브렌타노(Brentano, 1838~1917) 혹은 후설(Husserl, 1859~1938)에 근거를 두고 있다. 브렌타노가 후설 이후의 현상학적 심리학에 영향을 미친 매우 중요한 개념은 '지향성'이다. 브렌타노에 의하면,

심리현상은 그 현상 자체 속에 대상으로 일컬어질 만한 '어떤 것'을 포함하고 있다. 더구나 각각의 심리적 현상은 각자의 방법으로 대상을 포함한다.

후설의 현상학은 오늘날 인간에 대한 모든 학문에 근원적인 질문을 던진다. 그것은 '데카르트 이후에 유럽의 모든 학문이 인간사상 그 자체를 다루는가' 하는 회의적인 질문이다. 예를 들면, '인간은 정신과 신체로 이루어져 있다.'라든지 '인간의 심리현상은 뇌의 움직임이다.', 혹은 '인간의 정신현상을 자연과학적으로 연구해 가는 것이 과학적 심리학의 대도이다.'라는 생각은 후설의 현상학적 입장에서 하나씩 반성해 나가야 하고, 나아가 이러한 반성이 오랫동안 행해지지 못한 사실의 근거를 물어야 한다.

후설의 현상학적 심리학은 오로지 의식 현상이었다. 그러나 후설의 제자 하이데거(Heidegger, 1889~1976)는 인간 존재의 근본 특징인 지향성을 심리현상의 고유한 것으로 생각하지 않고 오히려 신체현상이나 심정의 현상에 갖춰진 것으로 생각하였다. 이 사상을 정신의학 영역에서 발전시킨 것이 오늘날 현존재 분석을 쌓아 올린 빈스방거(Binswanger, 1881~1966)와 보스(Boss, 1903~1990)이다. 그들은 이러한 관점에서 지금까지의 요소심리학을 생물학적 심리학의 입장에 선 정신병리학적 견해를 계속해서 타파하고, 독자의 현상학적 정신병리학을 세워 갔다. 예를 들

어, 조현병의 환각은 지각 이상이 아니고, 망상은 사고 내용의 이상이 아닌 환자의 지각 작용이나 사고 작용이 특별한 상황을 지향하고 있는 것을 나타낸다.

이와 같이 인간 존재의 모든 현상은 무엇인가를 지향하는 것이지만, 여기서 심리학이나 정신병리학의 입장에서 매우 중요한 지향 작용은 타인에 대한 지향이다. 인간은 홀로 살려 하지 않고, 아무리 고독한 상황에 있어도 타인을 지향하고 있기 때문이다. 더욱 중요한 것은 우리가 지향하는 타인 또한 우리를 지향하고, 우리는 끊임없이 이러한 타인의 자기를 향한 지향을 의식적으로 행하기 때문이다(金田, 1994).[11]

여기서 내담자와 치료자의 관계성을 이해하기 위해서는 후설의 간주관성(intersubjectivity)의 개념이 도움이 된다. 간주관성이란 "'사상 그 자체로의 접근'을 위한 환원에 의해 자신이 타인의 신체(육체가 아닌)를 매개로 하여 공유된 세계를 실현하는 객관성의 기초"(早坂, 1999)[12]이지만, 다시 말하면 두 사람의 관계성에서 공감성이 작용해 내담자의 문제는 치료자의 문제이기도 하다는 시점에 도달할 때, 진실(객관적인 세계)이 보이게 된다. 그러므로 그림검사의 해석은 두 사람의 관계성 수립에 의해 비로소 가능하다.

그림과 현상학의 관계에서 언급하면 "지금까지 예술을 이해하는 데 있어서는 물질적 소재에 의해서 정신적 표상이 객관화된다는 이원론적 처리가 일반적이었다. 후설이 지각(물질적 소재)에도 상상(정신적 표상)에도 없는 상객체(Bildobjekt)라고 명명한 것에 의해 잉크의 얼룩 혹은 연필가루가 아닌 선이, 안료나 세제가 아닌 색채가 그것을 그린 대상에서 분리되어 독립적으로 관찰될 수 있는 방법론이 명확화되었다. 그림의 객관적 구조연구가 가능하게 된 것이다. 이 상객체에 의해 모상(투사)되어 제시된 것이 상주체(Bildsubjekt)이다. 이는 보통 언급되는 그림의 주제 등이 아니라, 현실 혹은 가상적 현실에 있는 사람과 같은 크기, 질량적 내실에서 충족된 인물이나 생물, 풍경이 있는 세계 그 자체이다."[11]

이상의 관점에서 아베랄르멘은 현상학의 입장에서 필적학이 모든 그림검사의 기초가 된다고 제창하였다.

(3) 공간 상징론

그려진 것은 그 내용뿐만 아니라 공간배치, 선, 색채 등 모든 상징으로서 그 의미를 찾을 가능성이 있다. "상징 체계란 인식의 도구이고, 가장 낡은 동시에 근원적인 표현 양식이며, 그 자체는 매개적인 것이지만 이를 통해 직접적인 이해에 도달할 수 있다. 이것은 개인을 넘어선 보편적인 것이며, 진리의 영역에 참여하기 위한 열쇠이다."[13] 여기서는 주로 공간 상징론을 다룰 것이다.

그룬왈드(Grünwald)는 대부분의 사람은 자신의 인생궤적을 왼쪽 아래에서부터 오른쪽 위로 나아가는 것으로 받아들이려 한다고 했다. 즉, 인생은 왼쪽 아래의 끝부터 시작하여 대각선으로 직사각형의 공간을 움직여 오른쪽 위의 끝에 도달한다. 왼쪽 아래의 끝에 시작이나 아직 젊었던 시절을 관련지어, 오른쪽 위의 끝에 목표 또는 인생의 성공, 자신이 가고 싶은 장소가 있다고 설명하였다(Riedel, 1958).[14] 그룬왈드가 받아들인 방식은 왼쪽을 여성/모친, 오른쪽을 남성/부친이라 관련지었는데, 이는 20세기 초의 가치관을 반영하고 있다고 여겨진다.

공간상징에 있어 또 다른 모델은 아르튀스(Arthus)의 마을검사이다. 마을검사에서는 내담자에게 직사각형의 책상 위에 집, 교회, 식물, 사람들, 다리 등 몇 개의 미니어처를 사용하여 마을을 만들도록 한다. 건설된 마을에 대해서 내담자와 대화를 주고받으며 특별한 의미를 가진 장소가 드러나게 된다. 마을검사에서 상징적 위치는 [그림 1-1]과 같다. 왼쪽에 과거를, 오른쪽에 미래를 잇는 전통적인 서양에서의 관계성을 볼 수 있다. 이 모델의 특징은, 예를 들어 그룬왈드가 그의 공간상징에 대한 관점에서 제시한 왼쪽을 여성/모친, 오른쪽을 남성/부친과 연관시키지 않은 점에 있다.

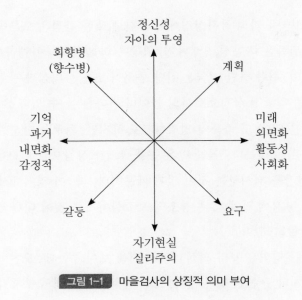

그림 1-1 마을검사의 상징적 의미 부여

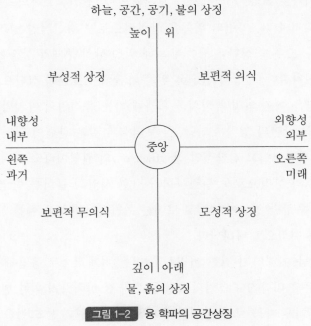

그림 1-2 융 학파의 공간상징

출처: Rhyner(2000).

[그림 1-2]는 융 파의 공간상징에서 공간에 대한 관점은 오른쪽은 외향성, 바깥, 미래, 왼쪽은 내향성, 안, 과거, 위쪽은 하늘, 높음, 아래쪽은 깊음, 물, 땅의 영역이며, 왼쪽 하단 영역은 집단 무의식 또는 무의식과 관련이 있으며, 일반적으로는 원형적 상징으로서의 물이나 바다를 들 수 있다. 이 영역은 내성, 퇴행, 부인(부정) 및 죽음의 영역이기도 하지만, 퇴행을 단순한 부정의 의미로 생각하지는 않는다. 억압 받은 콤플렉스가 상징으로 나타나는 의미에서 장래의 전망을 제시하는 것이 있기 때문이다. 즉, 이 영역에서 보이는 문제나 갈등은 동시에 장래 혹은 창조적으로 살아가는 것에 대한 가능성을 보여 준다고 말할 수 있다.

오른쪽 하단 영역은 보다 의식적인 측면을 보여 주는데, 모친, 대지, 물질, 자연의 이미지와 관련된 것이 많다. 또한 물질이나 육체의 주제가 반영된 장소이기도 하며, 안전이나 기본적 신뢰와 그것들과 관계가 있는 문제가 나타나는 장소이기도 하다. 서양에서는 모친과의 공생이나 고착의 문제가 이 영역에 표현되기 쉽다. 그림의 위쪽은 상징적으로는 정신적인 영역과의 관계를 나타낸다. 오른쪽 상단은 교육에 의해 익힌 상식 주제와 상징이 나타나는 영역으로 여겨진다. 발달과 발전은 왼쪽 하단에서 오른쪽 상단으로 향한다. 오른쪽 상단은 어떤 의미나 의식을 획득해 가는 움직임의 마지막 장소로 여겨진다. 왼쪽 상단의 영역은 좌측, 곧 무의식과 깊은 관련이 있는 영역이다. 즉, 보다 비개인적이고 집합적인 천상(heaven)의 원형이라고 여겨지며, 정신성이나 영원의 상징으로서 부권사회가 강한 서양의 문화를 반영하는 것이다. 또한 왼쪽 상단 영역에 때때로 보이는 초월적인 측면은 예를 들어 성모마리아와 같은 여신으로 나타난다.

공간상징을 이해하기 위한 이러한 지침을 기계적으로 응용해서는 안 된다. 이것들은 어디까지나 그림의 내용을 보다 잘 이해하기 위한 힌트이다. 그림으로부터 내담자를 보다 상세하게 이해하려고 한다면 그림을 그린 개인의 인생경험을 고려할 필요가 있다. 예를 들어, 종교적·정신적으로 모친으

로부터 영향을 받은 사람은 정신적 측면, 즉 왼쪽 상단 영역이 보다 많은 모
친의 원형상징으로 나타날지도 모른다. 반면, 부친이 안정감을 주는 사람이
며 인간의 육체에 대해 긍정적인 사람이라면 부친의 상징이 오른쪽 하단 영
역(종종 실수로 모친의 영역이라고 불린다)에 나타날 것이다(Bruno, 2000).[15] 또
한 라이너는 "유대 기독교문화의 예술 중에는 명확하게 우측이 주로 진실, 성
실함, 논리적 선의 의미로 불리는 경향이 있고, 좌측이 경솔함, 인간의 논리
적 악, 불운, 마성, 마귀의 측면과 연결되어 있는 경향이 있는 반면, 일본에서
는 고전 예술에서 전통적으로 왼쪽을 중요시하는 경향이 있다."라고 주장하
였다.

　라이너(Rhyner)가 지적한 것과 같이, 오늘날 일본인의 심적 경향에 있어서
왼쪽을 중시하는 경향이 어느 정도 뿌리내리고 있는 것에 대해서는 향후의
연구과제이다.

(4) 필적학

　스위스의 필적학자 풀베르(Pulver)는 "무의식적으로 문자를 쓰는 것은 무
의식적으로 그림을 그리는 것"이라 말하였으며, 또한 다비도(Davido, 1984)[16]
는 "그림을 그리는 것은 누구나 감히 해 보려고 하지 않는 방법으로, 글자를
쓰는 하나의 방법이다."라고 주장하였다. 그림은 글자와 같이 엄밀한 규칙에
묶여 있지 않아서 보다 큰 행위의 자유를 남긴다. 그렇기 때문에 그가 그린
선은 그를 끌어들인 '무의식의 문자'가 된다.

　필적 연구의 역사에 대해서는 마키타 진(鎭田仁)의 『SCT 필적을 통한 성격
진단-표출행동에 대한 기초연구-』(1983)[17]에 자세히 나와 있다. 다음은 마
키타가 저술한 연구의 주요 부분을 발췌한 내용이다.

　　서양에서의 필적 연구는 여명기로서 17세기 이탈리아의 필적학자 비
　　리디(Bilidi)와 19세기 스위스의 인상학자인 라바타(Lavater), 문학자 괴테

(Goethe)의 필적은 그 사람의 성격과 관련되며, 행동 예감을 느낄 수 있다고 주장한다. 필적학 성립기―클라게스(Klages)이전―로서 프랑스학파와 독일학파를 들어 각각 미촌(Michon, 필적학이라는 이름을 붙였다)과 프라이어(Preyer, 생리학을 기반으로 하여 '필적은 뇌수가 쓰고 있다.'고 주장하였다)를 들고 있다.

프랑스학파는 주로 직관적·경험적인 방법을 기반으로 성격을 이끌어 내고, 독일학파는 실험적인 방법을 통한 필적 그 자체의 성립요인을 찾는 연구가 많다. 그 외에 이탈리아의 범죄학자 롬브로소(Lombroso)도 정신병리학의 보조수단으로서 사용할 수 있다고 주장했다. 필적학 확립기―클라게스 이후―에는 클라게스를 들고 있다. 그는 필적 전체에서 받은 인상에 의한 판단을 하였으며, 그 후에 각각의 특징을 음미하여 그에 대한 의미 부여를 할 것을 주장하였다. 이는 현대에 이르기까지 필적 연구의 주요 방법으로서 중요시되고 있다. 반면, 샤우텍(Saudeck)은 생리학을 기반으로 보다 실증적·자연과학적 입장을 보였다. 클라게스를 철학적 입장이라고 한다면, 샤우텍은 실증적 입장이라고 말할 수 있다.

다음으로 실험심리학자에 의한 연구시대가 도래하였다. 20세기에 접어들어 필적학의 발전과 함께 실험심리학자가 필적에 주목하여 연구를 실시하게 되었다. 그중 하나가 신뢰성의 검토연구이다. 구로다(黑田, 1964)는 1919년부터 1934년에 걸쳐 헐과 모노고메리(Hull & Montogomery), 다우이(Dowey), 올포트(Allport), 버넌(Vernon), 티텔(Tittel) 등의 필적학의 신뢰성을 검토한 연구결과를 비교·검토하였다. 반면, 필적 평정에 관한 기초연구는 역시나 구로다에 의해 실행되었는데, 1934년부터 1954년까지 하비(Harvey), 미들턴(Middleton), 안젤(Angel), 굿이너프(Goodenough), 울프슨(Wolfson) 등의 기초연구를 비교·검토하였다. 게다가 인성(personality)을 추측하기 위한 도구로서의 연구는 1959년부터 1993년까지 진행된 지능, 활동성, 성차, 쌍생아의 차이 등이 있다. 하르트케(Hartge),

스탁만(Stackmann), 아이젠버그(Eisenberg), 하지(Harge) 등의 비교 · 검토가 실시되었다. 앞에 언급한 연구결과는 실증된 것도 있지만 실증되지 못한 것도 다수 있다.

3. 아베랄르멘의 투사그림검사 배터리

먼저 필자인 스기우라(杉浦)가 어떻게 별–파도그림검사 배터리를 접하게 되었는지 설명하겠다. 독일의 심리학자 겸 필적학자인 아베랄르멘이 제창한 검사 배터리는 별–파도그림검사, 발테그그림검사, 나무그림검사에 문자 필적을 더한 것이다. 스기우라는 1994년에 스위스의 온천가 바트라가츠(여기는 온천치료법의 발상지이다. 덧붙이면 18세기에 연금술학자인 파라켈수스가 세계 최초로 이곳에서 온천요법을 행했다.)까지 융 학파 분석가인 라이너를 만나러 갔다. 그가 근무하고 있는 재활치료 병원은 바트라가츠의 북쪽 고지대에 위치한 큰 병원이었다. 창문에 아름다운 꽃들이 장식되어 있는 소형호텔이 그 주변에 여기저기 흩어져 있었다. 유럽의 한가운데에서 환자를 호텔에서 묵게 하며 휴가처럼 병원에서 느긋하게 재활치료를 받고 있었다. 스위스에 먼저 간 라이너의 부인은 그가 교토대학 유학 때 알게 된 일본인이고, 그 동생은 필자의 지인이었다. 별–파도그림검사의 창안자인 아베랄르멘이 라이너를 통해 일본에서의 번역을 희망한다는 사실을 지인으로부터 듣고, 이를 포함해 스위스 병원을 방문하였다. 그때 처음으로 그분을 통해 4개의 투사법을 조합한 검사 배터리를 듣고, 환자의 테스트용 그림을 보게 되었다. 그러나 그분의 서가에 꽂혀 있는 두꺼운 필적학 서적을 보고, 거기에 압도되어 대처할 용기가 없었다.

그 후 일본에서 번역자를 찾아 별–파도그림검사의 번역 작업을 진행하고 있었는데, 예상 밖으로 작업이 순조롭게 진행되지 못했다. 1997년에는 라이너가 교토분쿄(京都文敎)대학교의 초청 조교수로 일본으로 오게 되었고, 1998년에는 국제일본문화센터의 초청 조교수로 체류하였지만, 번역서는 제때에 완성되지 못했다. 그는 그 사이에 교토나 도쿄, 오사카에서 워크숍을 실시하였지만 교과서가 없어 불편하였다. 이러한 이유로 그와 스기우라(杉浦), 스즈키 야스아키(鈴木康明)의 공저로 별-파도그림검사의 입문서를 쓰기 시작하여 2000년 3월에 출판되었다. 이 책도 그의 일본 체류 중에는 출간되지 못했다. 필자는 창안자인 아베랄르멘에게 뮌헨에서의 세미나를 부탁했다. 3일간의 세미나였지만 결국 그것이 처음이자 마지막으로 아베랄르멘과의 만남이었다. 아베랄르멘은 안타깝게도 2004년 7월에 90세로 일생을 마감했다. 아베랄르멘은 몸집은 작지만 심지가 강한 에너지 넘치는 분이었고, 세미나에서의 냉정하고도 진중한 말씨와 때로는 책상을 치면서 주장을 하시는 격한 모습이나, 일본에서의 별-파도그림검사 보급을 위해 어떻게든 도움을 주려는 따뜻한 면모 등이 아직도 마음에 남아 있다.

첫날에는 투사법의 기본에서부터 시작되었다. 먼저 아베랄르멘은 정신의 세 가지 측면, ① 사실, ② 표현, ③ 상징의 수준에 대해서 강조했다. 첫 번째 '사실' 수준은 누구나가 이해할 수 있지만, 두 번째 '표현' 수준은 어떤 인상을 받는가이기 때문에 전원이 이해했는지 확실하지 않다. 그린 사람의 마음속에서 체험한 것을 이해하기 위해서는 '표현' 수준을 파악해야 한다. 그린 사람의 마음속을 보여 주는 것은 '표현' 수준이지 '사실' 수준이 아니다. 세 번째 '상징' 수준은 감정을 담은 것이나 회화적인 그림에서 볼 수 있다. "검게 마구 칠한 그림으로 표현되면 인생에서의 갈등이다."라고 이야기된다. 예를 들어, '사실' 수준은 나무 그림에서 '중앙에 위치하고, 오른쪽 가지가 왼쪽에 비해 많이 있다. 나무줄기에 상처가 있다.' 등 누가 봐도 이해할 수 있는 것이다. '표현(Ausdruck=experssion)' 수준은 그린 사람이 나무에 대해서 어떠한 인상(Eindruck=impression)을 갖고 그것을 종이 위에 표현한다. 상담가는 그 내담자의 표현에 대해 인상을 받을 수 있으며, 그 인상을 설명함으로써 그린 사람의 심중에 접근하는 것이 가능하다.

　'상징' 수준은 제일 어려운 접근이다. 아베랄르멘은 "모든 그림에서 상징적인 해석이 가능한 것은 아니지만, 내담자에게 변화가 일어나면 그림에 상징이 나타난다. 반대로 그렇지 않으면 내담자의 변화는 없다. 경험을 쌓아감에 따라 한눈에 인조와 상징의 차이를 간파할 것이다."라고 설명하였다. 실제로 필자가 지참한 일본 여학생의 그림에 대해서 이것은 '상징' 수준에서 논할 것이 아니라고 판단하였다.

　그런데 아베랄르멘의 검사 배터리는 투사법밖에 없는데 왜 그런 것일까? 일반적으로 '검사 배터리' 라고 하면 방법의 차이, 즉 질문지법, 투사법, 정신작업법 등을 조합하는 것이 지금까지 전통적이었다. 그러나 아베랄르멘은 별-파도그림검사가 단일 검사가 아니라 다른 투사검사와 조합하는 것으로 더욱 효과를 발휘하는 것을 체험적으로 알고 난 이후, 투사그림검사 배터리를 제창하게 되었다. 내담자의 무의식(심층심리)에 접근하기 위해서 투사법을 사용하지만, 무의식이라고 해도 보다 의식에 가까운 층, 중간층, 가장 깊은 층이 있다. 의식에 가까운 층은 자극도형이 있어 구성도가 높은 발테그그림검사, 중간층은 땅에서 근거한 나무 그림 검사, 가장 깊은 층은 먼 하늘의 별과 부정형(不定形) 바다의 파도 그림이며, 구성도가 낮은 별-파도그림검사가 적합하다고 여겨진다.

제2장

별-파도그림검사(SWT)

1. 별-파도그림검사의 개요

1) 역사

이 책에서 소개하는 검사 배터리에서 가장 역사가 새롭고, 유일하게 아베랄르멘 본인에 의해서 개발된 그림검사가 별-파도그림검사(독일어: Sterne-Wellen Test, SWT · 영어: Star-Wave-Test)이다. 이 그림검사의 역사에 대해서는 라이너(Rhyner, 2000)[1]에 의해 자세히 소개되어 있다. 라이너의 소개와 필자들이 아베랄르멘에게 배운 것에 더해서 그 과정을 열거해 보면 다음과 같다.

아베랄르멘은 뮌헨대학에서 베터(Vetter)에게 배운 후, 졸업 후에는 사립 초등학교의 학교 카운셀러로서 임상심리 실천에 종사했다. 그때 심리진단에 나무그림검사, 동물가족그림검사, 발테그그림검사, 그리고 필적 분석을 이용했다. 베터는 필적 분석의 대가였으며, 아베랄르멘은 주로 내담자의 자필 문서를 통해서 필적 분석을 하였다. 다만, 외국에서 온 전입생을 받을 때에는 선별 과정에 있어 아직 해외에 있는 가족에게 선별 자료로 아이가 쓴 문서를 보내 달라고 요청을 하였다. 그러나 외국인의 경우, 부모 측에서 아이의 외국어를 독일인인 아베랄르멘이 봐도 모를 것이라고 판단하여 문서를 보내지 않는 경우가 있었다. 물론 아베랄르멘은 문서를 읽는 것이 아닌 필적을 보고 싶었던 것이었지만, 문서를 보내지 않으면 방법이 없었다. 이에 아이의 필적을 조사하기 위해 아베랄르멘은 다음과 같은 검사를 고안했다.

검사 용지는 하얀 색이고, 종이에는 사각형의 테두리가 그려져 있으며, 테두리 안에는 피검자가 미리 '왼쪽 상단에 3개의 별' '왼쪽 중앙에 지그재그 모양의 수평선' '왼쪽 하단에는 3개의 물결선'을 그려놓는다([그림 2-1] 참조). 피검자에게는 3개의 선과 동일하게 오른쪽에 선을 그리도록 한다.

분석 포인트는 다음과 같다. ① 별의 형태를 깔끔히 정확하게 그리고 있는가, ② 형태가 뭉개지지 않고 차분하게 모든 선을 끝까지 그리고 있는가, ③ 지그재그 선을 끝까지 정확히, 커지거나 작아지지 않게 조절하며 그리고 있는가, ④ 물결선을 편하게 그리고 있는가 등이다.

이 검사는 들은 대로 선을 정확히 그릴 수 있는지를 보는 기능검사로 사용되었지만, 선의 분석을 계속하는 동안에 이것이 인성검사로도 사용이 가능한 것을 알게 되었다. 특히 파도 그림에 대한 인성분석을 중시하기 시작하면서, 자연스러운 물결선인가, 복잡한 물결선인가, 파도가 점점 약해지고 있는가, 반대로 점점 강해지고 있는가 등의 구체적인 필적을 주의 깊게 분석하였다. 이 검사를 계속해서 사용하던 중 어느 날 새벽, 아베랄르멘은 베란다에서 하

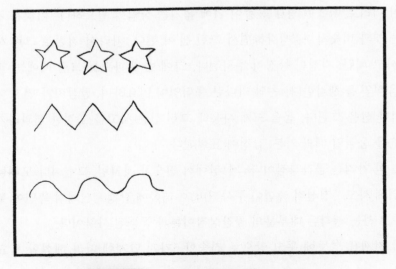

그림 2-1　별-파도그림검사의 원형이었던 검사

늘을 바라보다가 바다의 파도 위에 별이 있는 그림이 떠올라 별-파도그림검사가 탄생되었다. 1979년에는 아베랄르멘 자신의 손으로 독일에서 별-파도그림검사 책을 발행하였다. 프랑스어, 영어, 이탈리아어, 러시아어로 번역되었고, 2003년에는 일본어 번역본도 출판되었다. 당시 일본에서는 '별-파도검사'라는 이름을 사용하였으나 상표등록 관계로 현재 필자들은 '별-파도그림검사'라는 이름을 사용하고 있다.

2) 별-파도그림검사의 기초개념

별-파도그림검사의 해석을 위해 알아두어야 하는 대전제가 있다. 그것은 '별이 떠 있는 하늘은 사고ㆍ지성의 투사이며, 바다의 파도는 감정ㆍ정서의 투사이다.'라는 것이다. 이것은 해석의 제4단계에 해당하는 부분이지만, 검사 전체의 이해를 돕기 위해서 앞서 두 가지를 간단하게 설명해 두겠다.

먼저 사람은 별이 떠 있는 하늘을 그릴 때 '별의 형태'를 그리는 것을 생각한다. 형태를 그릴 때에는 손의 미세한 움직임이 필요하다. 먼저 손목을 사용하여 머리로 떠올린 형태를 종이 위에 옮기는 작업이 필요하다. 이것은 글을 쓰는 것과 비슷하며, '생각하면서 그린 선'이 된다. 따라서 저절로 그린 사람의 사고 패턴, 지성의 특징이 투사된다. 그에 반해 파도를 그릴 때에는 '파도의 움직임'을 생각한다. 손의 커다란 움직임이 필요하며, 팔꿈치가 먼저 다이내믹한 선을 그린다. 몸을 크게 사용해 그린 선은 사고를 조절한 결과라기보다 손을 움직일 때의 기분, 감정이 표현된다.

또 한 가지는 공간상징이다. 제1장에서 진술한 것처럼, 그림이나 모래놀이판 위에 사고ㆍ정신적 측면이 투사되며, 아래쪽에 감정ㆍ신체적 측면이 투사된다고 하는 생각은 대부분의 공간상징이론과 공통된 사항이다.

이 전제를 염두에 두고 앞으로 진술할 5가지 단계에 따라 해석할 필요가 있다.

3) 실시 방법

A5 크기의 용지에 검은색 직사각형의 테두리(15.3×10.5cm, 테두리의 굵기는 1mm)가 그려진 검사 용지를 사용한다([그림 2-2] 참조). 필기도구는 2B~4B 연필을 사용한다. 지우개와 연필깎이도 준비해 놓는다. 유아는 용지를 더럽히는 경우가 있기 때문에 HB에서 2B 정도의 연필을 사용하는 것이 좋다. 자칫 까먹기 쉽지만, 그림을 그리는 책상에도 신경을 써 주었으면 한다. 구멍이나 움푹한 곳이 있거나, 지우개 가루 등의 작은 쓰레기가 있으면 선이 흔들려버린다. 또한 약하거나 면이 부드러운 책상도 필적에 영향을 미친다. 그러한 경우에는 책받침을 사용하는 것이 좋다.

지시어는 "바다의 파도 위에 별이 있는 하늘을 그려 주세요."로 한다. 내담자가 별과 파도 이외의 것을 그려도 되냐고 물어보면 "자유롭게 그려 주세요."라고 대답한다. "그려도 됩니다." 등과 같은 지시적인 말투는 해서는 안 된다. 다만, 어린 아이가 누가 봐도 다른 것만을 그리려고 한다면 새로운 용지를 건네며 "별님이랑 바다의 파도를 그려 보자." 하고 재지시하는 것도 필요하다.

시간제한은 없지만, 5분에서 15분 정도로 완성되는 것이 일반적이다. 종료 후에는 그림에 대해서 내담자와 치료자가 대화하는 것이 중요하다. 그림검사는 실행 직후에 내담자와 그림에 대해서 이야기할 수 있는 것이 특징 중 하나인데, 그 효과를 특히 강조하고 싶은 것이 투사그림검사 배터리이다.

별-파도그림검사, 발테그그림검사, 나무그림검사 모두 공통된 것인데, 실시가 끝나면 각각의 그림에 대해서 "이건 어떤 그림입니까?" 등 되도록 내담자의 자유로운 발언을 끌어낼 수 있는 개방적 질문을 하는 것으로 상담자와 내담자가 그림을 공유한다. 또한 좋아하는 것, 싫어하는 것, 내담자 자신의 그림 평가나 그림에서 연상되는 것을 묻는 것도 상담자와 내담자의 대화를 촉진시킨다. 상담자는 내담자의 그림에 대한 인상이 전해지더라도 이 시점

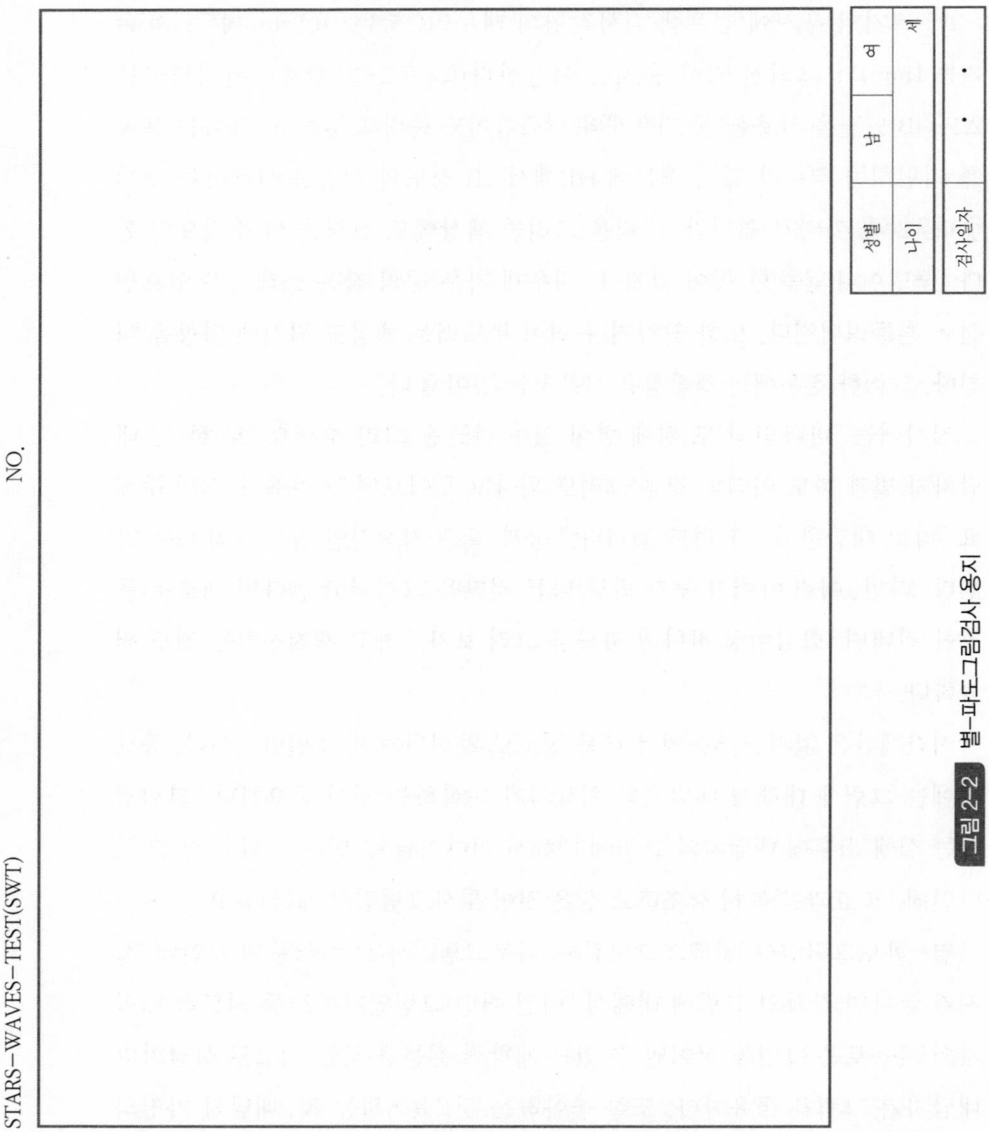

STARS–WAVES–TEST(SWT)

NO.

세	이름
남	나이
생일	검사일자

그림 2-2 별–파도그림검사 사용용지

에서 내담자에게 해석을 말하지 않도록 해야 한다.

아베랄르멘은 그림검사 종료 직후의 상담자와 내담자와의 대화를 가장 중요하게 보았는데, 심리진단으로서뿐만 아니라 상담을 촉진하기 위한 도구로서 투사그림검사 배터리를 사용할 것을 강조하였다.

최근 로르샤흐 검사 등에서 내담자에게 결과를 어떻게 전달할까 하는 '피드백 회기'에 대한 연구가 많이 이루어지고 있지만, 아베랄르멘은 이렇게 검사 시행과 피드백을 같은 회기 안에서 행할 것을 권하였다. 내담자에게 있어서도 검사를 끝내고 나서 결과를 듣기까지 간격이 있는 것은 결코 기분 좋은일이 아니며, 상담가에게 있어서도 자칫하면 내담자와 검사결과를 별개의 것으로 생각해 버릴 위험성이 있다. 그림은 내담자 자신이며, 내담자와 마주대할 때와 같이 진지한 자세로 검사결과를 대하는 것이 임상심리사의 임무이면서, 검사결과를 다른 공간에서 짧게 보는 것이 아닌 지금 여기서, 내담자와의 관계 안에서 그림에 대한 내담자의 이야기를 듣는 것이 바른 해석에의 지름길이다. 또한 그 자체가 심리치료의 한 과정이 된다. 스즈키(鈴木, 2000)[2]는 그림을 '작품'이라고 부르는 것을 제창하였고, 진정으로 이러한 자세가 상담자와 내담자의 관계를 지지해 준다.

4) 지시문

별-파도그림검사를 일본에서 도입함에 있어서 먼저 검토한 것은 지시를 어떻게 할 것인가였다. 원어의 지시는 "Zeichnen Sie, möglichst mit Bleistift, einen Sternenhimmel über Meereswellen."이며, 영어로 하면 "Draw a starry sky over ocean waves by pencil."이다. 게르만어계의 말을 일본어로 번역할 때, 종종 단수·복수의 개념이 문제가 된다. 'Meereswellen'이라는 단어가 별-파도그림검사에 해당한다. 'wellen'은 '파도'인데, 복수형이다. 영어라면 'waves'가 되고, 일본어로는 '파도들'이 된다. '바다의 파도들'은 부자연스러워서 "바다의 파도 위에 별이 있는 하늘을 그려 주세요."라는 지시문이 된다. 실제로 독일에서의 사례에 비해 '파도를 하나밖에 그리지 않는' 사례가 증가한 것은 아니지만(杉浦 외, 1998)[3], 지시어에 포함된 '별이 있는 하늘'이라는 말로 하나의 풍경이 환기되기 때문일 것으로 생각된다. 그러나 원어와는 미묘한 뉘앙스 차이가 있다는 것만은 알아두는 것이 좋을 것이다.

또 한 가지 문제가 되는 단어는 'über'이다. 영어로는 'over'이며, 이 전치사는 엄밀하게는 '위'가 아닌 '윗쪽'이다. 바다의 위에 떠 있는 배는 'on the sea'이지만, 바다의 위에 반짝이는 별이 있는 하늘은 'over the sea'이다. 이것도 "바다의 파도 위쪽에 별이 있는 하늘을 그려 주세요."로는 부자연스럽기 때문에 '위에'로 하였는데, 바다와 별이 있는 하늘이 붙어 있는 그림이 많아진 것도 아니다. 그러나 우리는 수많은 예이지만, '바다와 별이 있는 하늘이 겹쳐진 그림', 즉 '우주에서 본 지구'와 같은 그림을 경험하고 있기 때문에 역시 원어와 일본어의 미묘한 뉘앙스 차이가 있음을 알아두는 편이 좋겠다.

5) 일본 아동에게 있어서 별과 파도의 의미

스기우라(杉浦, 2000)[4]는 주로 풍속화 등의 일본화를 중심으로 일본인의 '별과 파도'에 대한 심성에 대해 고찰하였다. 또한 스즈키(鈴木, 2000)[2]는 메르헨의 관점에서 고찰하였다. 여기서는 아이들에게 적용하는 것을 의식하여 '아이들에게 있어서의 별과 파도'에 집중하여 사견을 말하겠다.

일본 아이들에게 있어서 '별'이란 어떠한 존재일까? '별님'이라는 유아어에서도 알 수 있듯이, 별은 특별한 가치가 있는 존재이다. 주로 여자아이를 대상으로 한 여러 가지 애니메이션 캐릭터에는 별 모티프가 추가되어 있는 경우가 많다. 칠석에는 별에 소원을 빌고, 크리스마스트리의 가장 위에는 꼭 별이 붙어 있다. 별은 빛나는 것이며, 별똥별처럼, 반짝이고 밝은 이미지이다. 별은 낮에는 볼 수 없다. 아이들이 싫어하는 밤에만 보인다. 달과 별은 아이들에게 있어서 무서운 세계인 '어두운 밤'에 빛을 가져다주는 구조선이기도 하다. 일본 아이들이 연극에서 연기하는 천사는 대부분의 경우, 앞서 말한 별이 붙어 있는 봉을 들고 있다. 또한 예로부터 '마법사'를 캐릭터로 한 만화 주인공은 대부분 별이 붙은 봉이나 콤팩트 등을 가지고 있다. 별똥별이 사라지기 전에 소원을 세 번 말하면 이루어진다고 전해진다. 이처럼 아이들에게 있어서 별은 기적적인 힘을 상징하기도 한다.

'파도'는 어떨까? 바다는 아이들에게 있어서 즐거움과 공포의 상반된 감정을 일으키는 존재이다. 바다에서 노는 것은 즐겁다. 그러나 바다에서 공포를 아주 조금도 느끼지 않는 아이는 거의 없다. 바다라는 단어에는 그러한 느낌이 있다. 즐거운 물놀이라는 커다란 이미지와 그 배후에 있는 삼켜 버릴 것 같은 공포와 혼자인 것 같은 고독이 있다. 이러한 감정을 상기시키는 '바다와 파도'라는 단어에 아이들이 어떤 반응을 하고, 어떤 표현을 할까? 거기에 흥미가 생긴다.

일본인에게 있어서 별은 역사 대신의 별, 별점의 도구로서의 별, 죽은 자의 이미지로서의 별의 의미를 담고 있다. 또한 바다는 물고기가 사는 곳으로서의 바다, 소금의 공급지인 바다, 거칠어진 바다로 때로는 죽은 자가 나오는 바다, 끝이 없다고 생각되는 바다의 의미를 담고 있다. 이러한 어른의 이성적인 생각을 통해 고찰하는 것이 가능한 집단 무의식적인 별-파도의 해석에 덧붙여 일상생활에서의 별-파도의 의미를 생각하는 것도 중요하다.

2. 아베랄르멘의 해석 5단계

아베랄르멘은 별-파도그림검사의 해석 방법으로 다음의 5단계를 재창하고 있다. 필자들이 독일과 스위스의 세미나에서 배운 바로는 이 5단계의 전 단계에 첫인상을 말하는 것이었다(나무그림검사 제 1단계, p. 142 참조). 가능한 단순한 언어를 사용하여 한 마디로 전체의 인상을 말함으로써 그 그림의 본질을 파악할 수 있다. 그 주관적인 인상을 탐색하기 위해서 다음의 5단계로 성립하는 방법론적 접근 방법을 검토해 본다.

이 5단계를 표로 정리한 내용을 p. 91에 첨부한다.

1) 제1단계: 그림의 분류

처음 단계는 그림의 패턴 분류이다. 이 단계에서는 깊은 해석으로 들어가지 않고 간단하게 '무엇을 어떻게 그렸는가'만을 본다. 즉, "바다의 파도 위에 별이 있는 하늘을 그려 주세요."라는 지시어를 내담자가 어떻게 취해서 어떠한 해답(Lösung)을 냈는지를 보는 것이다. 영어로는 해석(interpretation)이라는 단어가 맞지만, Lösung의 직역은 answer이다. 소위 정신분석적인 해석은 독일어로는 Deutung이므로 구분해서 생각하길 바란다. 지시어를 물음으로 생각하고, 그림을 대답이라고 생각하는 것이다. 그 답변 방식에 내담자의 인성이 투사되는 것이다. 원칙적으로는 이하의 5가지 중 어딘가로 분류하지만, 때에 따라서는 2개 이상의 분류에 걸쳐 있는 경우도 있다.

구분	독일어	영어
요점만 있는 패턴	Sachlösung	content interpretation
회화적인 패턴	Bildlösung	pictorial interpretation
감정을 담은 패턴	Stimmungslösung	mood interpretation
형식적인 패턴	Formlösung	form interpretation
상징적인 패턴	Sinnlösung	meaning interpretation

요점만 있는 패턴

지시를 문자 그대로 받아들여 매우 간소하게, 지시대로 간단한 별-파도만이 그려져 있는 것이다. 아름다운 그림을 그리려고 하거나 그림에 어떤 의미를 넣으려고 하지 않고 최소한의 그림을 그리기만 한 것이다. 이성적으로 기능하고 있지만 그저 주어진 주제를 처리하고 있을 뿐이며, 자신이 체험한 그림이라기보다는 '별—파도'라는 과제에 답을 한 것일 뿐이다([그림 2–3] 참조).

회화적인 패턴

단순히 별과 파도를 그리는 것만이 아니라, 하나의 생생한 회화 작품의 인상을 주는 것이다. 별—파도 이외의 첨가물이 그려져 있으면 다른 것보다 먼저 분류(회화적 · 감정을 담은 · 형식적 · 상징적)를 해야 한다. 감정적으로 풍부한 경험을 표현하려고 하고, 타인과 공유하려는 생각이 나타나 있다([그림 2–4] 참조).

감정을 담은 패턴

일몰이나 일출, 또는 태풍이 지나간 후의 장면 등 정서적인 요소가 먼저 보이는 것이다. 부드러운 필적이나 확실한 필적을 사용하여 명암을 주는 경우가 많다. 감각 수용적이고 감정이나 정서적인 것에 무게를 두는 사람에게서 볼 수 있다([그림 2–5] 참조).

형식적인 패턴

기호나 특정 패턴 등에 의해 디자인되고 장식적인 표현으로 이루어진 것이다. 자신을 감추는 경향이 있는 사람, 혹은 반대로 자기과시욕이 강하고 적극적이며 독자적으로 자기표현을 하는 사람에게서 볼 수 있다. 이 두 가지의 해석은 정반대이지만, 간소한 기호적인 표현이라면 전자, 독창적이고 아무리봐도 디자인된 표현이라면 후자라고 말할 수 있다([그림 2–6] [그림 2–7] 참조).

상징적인 패턴

바위나 뗏목 등 상징적인 은유의 인상이 현저하게 보이는 것이다. 이 분류

그림 2–3　요점만 있는 패턴(여/40세)

그림 2–4　회화적인 패턴(남/24세)

그림 2-5   감정을 담은 패턴(남/40세)

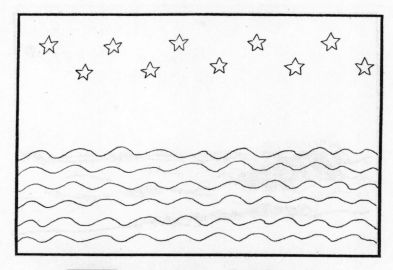

그림 2-6   형식적인 패턴: 방어적인 요소가 강함(여/49세)

그림 2-7 형식적인 패턴: 자기과시적인 요소가 강함(남/23세)

그림 2-8 상징적인 패턴(남/35세)

를 위한 구체적인 지표를 제시하는 것이 쉽지는 않지만, 특정한 첨가물이 그려져 있다면 이와 같은 패턴이라 쉽게 분류하기가 어렵다. 그러나 많은 그림을 보고 훈련을 쌓아 가면 분류의 신뢰성은 높아질 것이다. 시행 후 대화를 통해서 이 상징성이 보이는 경우도 많다([그림 2-8] 참조).

2) 제2단계: 공간구조의 형식

이 단계에서는 사각형의 테두리 안에 바다의 파도와 별이 떠 있는 하늘을 어떻게 배치했는지를 본다. 두 가지의 균형을 다음의 4가지로 분류한다.

구분	독일어	영어
자연스러운 조화	Ebenma ß	harmony
병치(並置)	Gleichma ß	uniformity
규칙성	Regelma ß	regularity
부조화	Disharmonie	disharmony

자연스러운 조화

별이 떠 있는 하늘과 바다가 그림 안에 자연스럽게 표현되어 있는 것이다. 꼭 사실적인 그림을 말하는 것이 아니라, 별−파도 사이에 뚜렷한 공간이 없는 것, 명확한 수평선이 그려져 있지 않은 것 등이 이 분류의 포인트이다. 영어로는 harmony라는 용어를 쓰고 있지만, 라이너(Rhyner, 2000)[1]에 의하면 독일어로 Ebenmaß는 harmony와는 전혀 다른 의미로, '아름다운 조화'가 아닌 '자연스러운 조화'이다. 사람 손이 더해진 인공적 · 장식적인 아름다움이 harmony라면 자연적으로 성장한 결과 생긴 유기체로서의 조화가 Ebenmaß이다. 조화로운 그림을 그리는 사람의 심적상태는 정말로 안정된 상태로 여겨지며, 그러한 상태에서의 자율적 · 자발적인 표현이라고 할 수 있다([그림 2-9] 참조).

병치

별을 위쪽에, 파도를 아래에 단순하게 기계적인 배치만을 한 것이다. 대다수의 경우, 별이 떠 있는 하늘과 바다 사이에 공간이 생긴다. 자연계의 풍경을 떠올렸을 때 부자연스러움이 있으면 이 분류에 들어가지만, 별-파도가 같은 간격으로 늘어져 있지 않은 그림이라면 다음에 설명할 '규칙성'에 해당된다. 이는 환경에 적합하려는 바람이나 의지를 가지고 있는 것을 시사한다. 자신의 가치관에 대해 까다로운 사람이라고 할 수 있다([그림 2-10] 참조).

규칙성

별-파도 중 어느 한 쪽, 혹은 두 쪽 모두 어떠한 규칙에 따라서 그린 것이다. 별을 같은 간격으로 배치하거나, 파도를 같은 폭, 같은 높이로 그린 그림이다. 내적인 규칙에 순응하며, 개인적인 충동을 억압하고 있는 것은 아닐까라고 생각할 수 있다([그림 2-11] 참조).

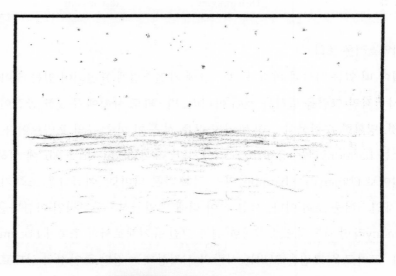

그림 2-9 자연스러운 조화(여/40세)

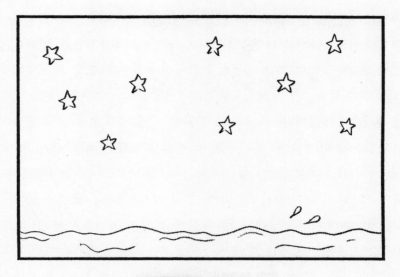

그림 2-10 병치(여/16세)

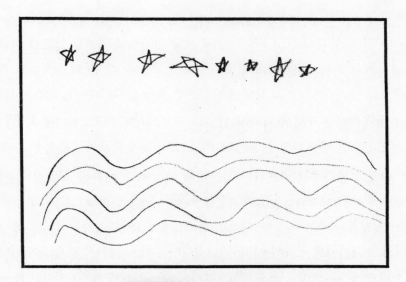

그림 2-11 규칙성(여/6세 2개월)

그림 2-12 부조화(여/7세 9개월)

부조화

조화나 규칙성이 없는 것뿐만 아니라 병치도 하지 않아 매우 부자연스러운 것이다. 심적 갈등의 사인 또는 질서를 향한 의식적인 반항이 나타난 것이라고 생각할 수 있다([그림 2-12] 참조).

3) 제3단계: 공간의 상징적인 사용법

그림의 공간상징에 대해서는 지금까지 여러 가지 이론이 보고되어 왔다. 여기서는 아키야마(秋山, 1982[5]; [그림 2-13] 참조) 및 라이너(Rhyner, 2000[1]; [그림 2-14] 참조)를 참고로 상하(수직), 좌우(수평)와 대각선의 공간배치에 착안하여 해석하겠다. 이때 물리적인 공간적 배치와 내용 강조의 양면을 보고 분석한다. 예를 들면, 하늘의 면적이 바다의 면적보다 많아도 바다를 강조하여 그렸다면, 바다 우위가 된다. 또 하늘은 오른쪽을 강조, 바다는 왼쪽을 강조라고 한 것도 당연히 있을 수 있다.

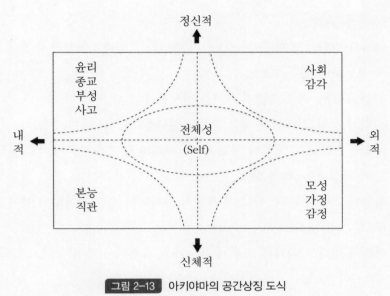

그림 2-13　아키야마의 공간상징 도식

출처: 秋山(1982).

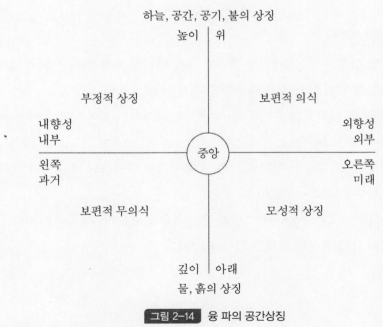

그림 2-14　융 파의 공간상징

출처: Rhyner(2000).

수직적 공간구조

- 하늘과 바다의 조화: 지적·정신적 측면과 감정적·신체적 측면의 조화를 보인다([그림 2-15] 참조).
- 하늘의 우위: 지적 측면의 강조를 시사한다([그림 2-16] 참조).
- 바다의 우위: 감정적 측면의 강조를 시사한다([그림 2-17] 참조).
- 수평선으로 하늘과 바다가 접촉: 두 가지의 측면을 분화하여 그것을 융합한다([그림 2-18] 참조).
- 하늘과 바다의 간격: 두 가지 측면이 분리되어 있고 통합되어 있지 않다([그림 2-19] 참조).
- 하늘과 바다 사이가 강조된 공간: 2개의 측면이 서로 방해하고 있다([그림 2-20] 참조).
- 별과 바다의 혼재: 지적 측면과 감정적 측면이 분화되어 있지 않다([그림 2-21] 참조).

수평적 공간구조

- 특별한 강조가 없음: 개인의 내적인 혹은 외적인 경험 어느 쪽도 특별히 강조되어 있지 않은 것을 의미한다([그림 2-22] 참조).
- 왼쪽 강조: 내향적인 측면의 강조, 내적인 세계와의 접촉 문제 등에 주목한다([그림 2-23] 참조).
- 오른쪽 강조: 외향적 측면의 강조, 외부세계나 타인과의 접촉 문제 등에 주목한다([그림 2-24] 참조).
- 중앙 강조: 그림의 중앙에 그려진 것은 특히 중요하며, 그 사람의 자아·자기의 테마에 대한 존재 표현이다([그림 2-25] 참조).

그림 2-15 하늘과 바다의 조화(여/40세)

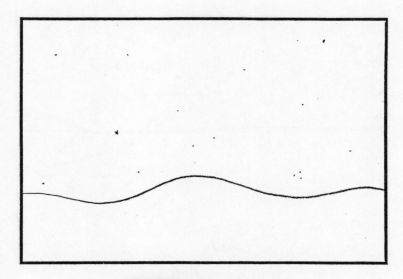

그림 2-16 하늘의 우위(남/18세)

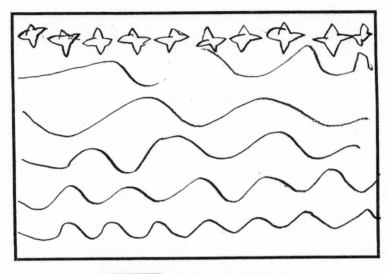

그림 2-17 바다의 우위(남/6세 7개월)

그림 2-18 수평선으로 하늘과 바다가 접촉(남/40세)

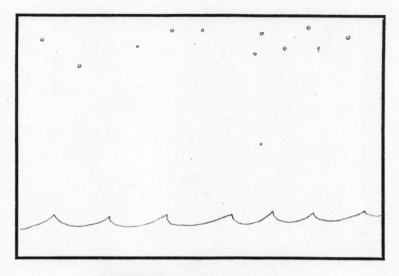

그림 2-19 하늘과 바다의 간격(여/24세)

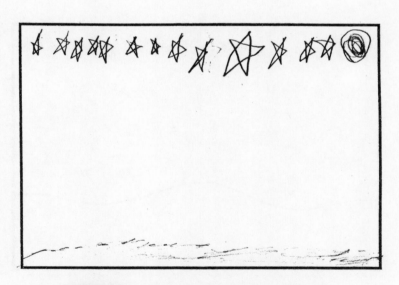

그림 2-20 하늘과 바다 사이가 강조된 공간(남/6세 1개월)

그림 2-21　별과 바다의 혼재(여/50세)

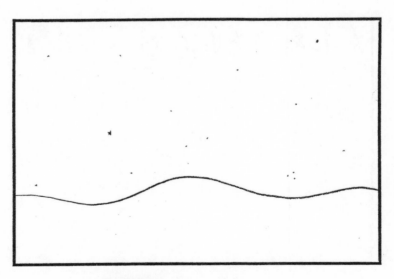

그림 2-22　특별한 강조가 없음(남/18세)

그림 2-23   왼쪽 강조(여/52세)

그림 2-24   오른쪽 강조(남/24세)

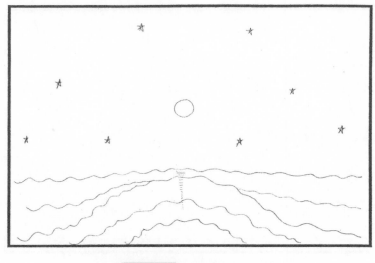

그림 2-25 중앙 강조(여/21세)

4) 제4단계: 사물의 상징

아베랄르멘은 상징에 대해서 다음과 같이 설명하였다(Avé-Lallemant, 2003).[6]

우리의 주변에 있는 모든 사물과 생물은 상징물이 될 수 있다. 체험에 있어서 공간이 상징의 특성을 가지듯이, 모든 사물은 상징적인 내용을 담고 있다. 이러한 상징은 예술이나 제례에서 알려진 부분도 있지만, 그것은 직접적인 표현을 피하고 있는 듯하다. 심층 심리적 체험의 표현은 현세기, 그 중에서도 꿈 분석에서 받아들이고 있지만 꿈은 상징적 체험이기도 하다. 별-파도그림검사의 표현에 있어서도 고유하다고 생각되는 상징적인 성질로 나타나는 것이 있다. 즉, 상징은 어떠한 의미·내용을 가리켜 보여 주며, 그려진 형태와 본질적인 연관성으로 묶여 있다. 예를 들어, 그림의 끝에 바위가 상징으로 그려져 있다면 그것은 그린 사람의 체험에 대한 '저항'을 시사한다. 그림의 오른쪽 끝에 바위가 있다면 그것은 '외부의 저항에 대한 체험'을 의미하지만, 그것은 이미 공간의 '상징적인 패턴'에 가깝다. 그림의 좌측에, 예를 들면 내향성 영역에 바위가 있다면 그 사람의 갈등은 자기내면적인 문제와 관계하고 있는 전인격적인 것임을 생각할 수 있다. 강조된 별이나 등대, 검게 칠한 달은 정신적인 테마와 관계가 있다. 부서져 흩어지는 파도가 강조된 것은 억압당한 강한 감정이 시사된다.

별-파도그림검사에 나타나는 사물 모두가 상징적 의미를 가질 수 있지만 무조건적으로 의미가 있다는 것은 아니다. 아동의 '회화적 패턴'은 사물이 장식적 요소임을 명확히 보여 준다. 아동의 별-파도그림검사의 다른 패턴은 주로 고학년 아이의 그림으로, 상징을 포함한 표현으로서도 나타난다. 임상적인 경험이 쌓이면 의식적인 경험으로부터 표현된 것과 상징의 차이를 찾아낼 수 있다. 상징으로 추측될 때에는 진단할 때 합당한 질문을 할 수 있게 된다.

뮌헨에서 개최된 세미나에 스기우라(杉浦)는 예술치료사를 목표로 하는 일본 학생의 유니크하고 정교한 별-파도그림검사, 발테그그림검사, 나무그림검사를 지참하였다. 아베랄르멘은 이것을 보고 "이건 내면의 표현이 아니다."라고 하면서 해석을 거부하였다. 즉, 해석할 가치가 없다고 하였다. 분명히 그린 사람은 그림 그리는 것을 좋아하고, 각각의 그림은 내면의 표현이기보다는 표현의 즐거움 자체를 체험한 것이라고 이해할 수 있었다. 어떤 곳에서 검토한 콜라주에서도 그러한 부분을 경험한 적이 있다. 등교 거부 아동 어머니의 작품이었는데, 아름다운 것을 정적인 디자인으로 붙인 것이었다. 그 작품은 내면의 표현으로서 어떤 것도 나에게 호소하는 것 없는 방어적인 작품이라고 이해하였다. 또 아베랄르멘은 아이들의 그림에 표현되는 부가물은 표현하는 것이 즐거워서 노는 기분으로 첨가한 것이며, 상징으로 생각하지 않아도 좋다고 설명하였다.

다음에는 '별'과 '파도'의 상징적인 의미를 들고, 그 다음에는 지금까지 예시를 든 그림을 중심으로 부가물이 그려진 것을 다루면서 부가물의 상징적인 의미를 찾고자 한다. 쿠퍼(Cooper)의 저서인『세계 상징 사전』[7]과 아베랄르멘 (2003)[6]의『별-파도 검사: 발달기능·인성의 조기진단』에서 부가물의 상징 해석이 쓰여져 있는 문장을 참고하여 정리하였다.

(1) 별의 상징

별은 "신의 존재, 사고의 존재, 영원한 것, 죽지 않는 것, 최고의 위업(偉業), 천 사, 희망, 밤의 눈을 상징한다. 북극성은 천공의 요, 천국 문, 항상 존재 하는 것 의 상징이자 힌두교에서는 절개를 의미한다. 오각의 별 모양은 존경, 빛, 영적 존재, 교육을 뜻한다. 역 오각별은 악, 주술, 흑마술, 중국에서는 통치자의 예지 를 의미한다. 육각성은 천지창조, 솔로몬의 인장을 상징한다. 혜성은 나쁜 의 미, 태양신이나 재앙 또는 전쟁, 투병을 가져오는 존재의 분노가 나타나는 것을 뜻하거나 세상을 멸할 힘으로 자연의 조화를 어지럽게 할 것"으로 여겨진다.[7]

아베랄르멘은 "큰 별의 의미는 그림을 그린 사람이 자기를 별로서 체험하 고 있는 것이다. 약하고 벌벌대는 느낌의 별은 정신이라는 주제가 그림을 그 린 사람의 체험 배경에 있는 것을 의미한다. 그것은 그 주제에 대한 과제를 극복하지 못하고 있을 뿐만 아니라 갈등을 갖고 있다고 말할 수 있다. 이 갈 등은 하늘의 우위나 그린 선의 형태에 의해 표현된 것이다."[6]라고 말했다.

일본에서는 별똥별이 없어질 때까지 소원을 세 번 외치면 이루어진다는 말 이 있고, 많은 경우에 소원이나 희망을 연관 지은 표현이라고 생각한다. 아베 랄르멘은 "별똥별은 자신의 별인 경우가 많다. 별똥별은 빛과 표시의 합성이 며 방향성을 보인다."[6]라고 서술하였다. 분명히 꼬리를 가진 별은 다른 별과 비교해서 눈에 띄고 구별된 것, 방향성을 보이는 것이라고 할 수 있기 때문에 자신의 별로서의 표현이라고 바꿀 수 있다. 이때 본인과 자주 대화하여 그 의 미를 찾아가는 것이 가장 중요하다.

파도에 대해서―'수없이 많이 움직이는 물로서 유위전변(有爲轉變), 변화,

환각, 허망, 동요를 상징한다. 흐르는 물은 생명을 상징한다.'[7]

바다에 대해서ㅡ'혼돈, 무형성, 실량의 존재, 끝이 없는 운동, 모든 가능성을 품은 생명의 근원, 태모(太母)를 상징하고, 큰 바다는 인간이 건너야 하는 인생의 바다를 나타낸다. 현실 세계의 끊임없는 유전, 무의식, 망각을 상징한다.'

거친 바다(황해)에 대해서ㅡ'인생의 흥망, 환영, 허망, 감각과 관념의 몽환적 흐름, 바다나 호수가 가진 생명 공급과 생명 파괴의 힘을 상징한다.'[7]

아베랄르멘은 파도에 대해서 "별ㅡ파도그림검사의 바다 영역에는 표현과 상징이 서로 강하게 겹쳐 있다. 물은 심적인 것의 상징이다. 파도를 그릴 때, 리듬감 있게 흐르는 선이 그려지는데 그 자체로 심적인 부분의 표현이다. 왜냐하면 리듬은 심적인 것의 보전 징후이기 때문이다. 커다란 파도는 격정을, 조화가 보이는 파도는 평온함과 동시에 느끼기 쉬운 정서성을 표현한다. 힘이 없는 폭이 좁은 파도는 소극적이거나 억울함의 체험을 나타낸다. 온통 날카롭게 표현된 파도는 지극히 강한 체험의 태도를, 주저하고 자신 없는 듯한 파도는 감정적으로 불안정한 성격이라 생각할 수 있다. 앞이 날카롭고 굳어 있는 듯한 파도는 고착된 심적 경향이나 체험 내용의 경직화를 느끼게 한다. 얼음이 언 것 같은 수면은 그림을 그린 사람이 억압당해 부자유한 체험을 한

① 선으로 된 별   ② 공 모양의 별   ③ 원별   ④ 오망성   ⑤ 다비드 별   ⑥ 스파이더형 별

⑦ 꽃 모양의 별   ⑧ 점 별   ⑨ 빛나는 별   ⑩ 장식적인 별   ⑪ 보통의 별

그림 2-26 별의 예시

①~⑩은 아베랄르멘의 『Der Sterne-Wellen-Test』(1994)에 게재되어 있는 별의 예시이며, 일본에서는 ⑪과 같이 한 번의 선으로 그리는 오각의 별을 그리는 경우가 많지만, 아베랄르멘의 책에는 예시 안에 들어 있지 않다.

것에서 유래한다. 밀려와서 부서지는 파도는 태풍 같은 격한 감정을 표현한다. 하얀 파도는 현재 끌어안고 있는 체험의 갈등의 존재를 나타낸다. 번개를 동반한 파도는 녹아 없어질 것 같은 불안을 느끼게 한다. 괴어 있는 물은 피로 체험의 표현을 상징한다. 흐르는 모양의 파도에는 심적인 비약을 볼 수 있다."[6]라고 설명하였다.

(2) 부가물의 상징

달. 돌고래. 섬에 대한 상징([그림 2-27] 참조)

달은 "여성적인 힘, 태모신(太母神), 하늘의 여왕, 일본·아프리카 등에서의 남성적 풍작의 원리, 보편적으로 원환적 시간의 리듬, 우주적 생성을, 만월은 불사와 영원, 내적 감지, 비합리적·직관적·주관적인 것을, 초승달과 점점 차가는 달은 빛, 성장, 재생을, 점점 가시는 달은 불길한 마귀를, 반월은 장송(葬送)을, 만월은 완전무결, 완성, 힘을, 불교에서는 평화, 평온, 아름다움을, 초승달은 관자재보살(관음보살)의 엠블럼을 상징하고, 보름달과 초승달 때 영력이 강해진다." 등의 의미를 내포한다.

아베랄르멘은 달에 대해서 "검게 칠해진 달은 빛의 상징적 표현이 명확히 표현된 것이다. 밤하늘에서의 달은 빛의 근원이다. 달의 위치, 크기, 검게 칠해짐 등으로 강조되어 그려져 있으면 빛의 근원이 강조된 것이고, 정신성이라는 주제가 상징된다. 집중력과 사고력을 추구하며, 씨름하는 생도들의 그림에서 가끔씩 볼 수 있다"[6]라고 설명하였다.

돌고래는 "구원자에게 영혼의 인도자(헤르메스), 저승의 영혼을 인도하는 손, 난파선의 구조자, 안전, 근속"[7]이라고 여겨진다.

섬은 "사막의 오아시스와 같이 바다 한가운데의 오아시스이며, 안정되어 있다는 확고한 점이 있다. 그러나 아베랄르멘은 고독감이나 고독의 욕구를 시사하는 것이기도 하다."[7]라고 설명하였다. 섬을 본 순간 가 보고 싶은 섬인지 아닌지를 검토한다. 이 섬에는 야자수가 심어져 있다. 남쪽 섬에서 긴장을

그림 2-27　달, 섬, 돌고래(남/24세)

풀고 편하게 있을 수 있으리라 여겨진다. 만약 육지에서 멀리 떨어져 있는 고독한 섬과 같은 그림이라면 그것은 고독감을 나타내는 것이다.

[그림 2-27]에서는 섬과 달이 다소 오른쪽에 그려져 있다. 돌고래는 오른쪽에 있고, 왼쪽 방향으로 점프하고 있다. 이 점에서 그림을 그린 사람은 지적으로는 바깥세계에 흥미와 관심이 있지만, 동시에 자기에 대한 문제의식도 가지고 있는 것으로 여겨진다. 돌고래는 바깥세계와 내면세계를 잇는 영적인 인도자라고 여겨지며, 생동감 넘치는 감정과 남쪽 섬과 같은 느긋한 생활로 자기의 문제를 여유를 가지고 바라보는 안정된 사람이라 생각된다.

등대와 북두칠성의 상징([그림 2-28] 참조)

등대는 "지침이 되는 빛을 시사하는 것으로 섬과 해변을 보충한다."[6]라고 설명하였다. 인공적인 빛이지만, 달과 같이 그림을 그린 사람의 흥미와 관심의 방향을 시사한다. 즉, 오른쪽에 있으면 외부세계에, 왼쪽에 있으면 자신의 가치관 등 내적인 면에 향해 있다고 말할 수 있다.

그림 2-28   등대와 북두칠성(남/50세)

북두칠성(큰곰자리)은 "제우스의 아내 헤라의 질투 때문에 곰이 된 정령 칼리스토의 모습이라고 한다. 전해지기로는 칼리스토는 여신 아르테미스의 시녀이면서 순결을 잃은 탓에 아르테미스가 벌로서 곰으로 모습을 바꿨다고 한다. 북두칠성은 북극성을 찾기 위해서 필요한 별자리이기도 하다. 북극성은 하늘의 중심별이기도 하며, 자기의 별을 시사한다. 고대문화에서 별자리는 그전에 결정되었고, 개개인으로부터 빼앗긴 '영원의 질서'가 다른 형태로 표출된 것으로, 항상적 · 초자아적이다."[7]

[그림 2-28]에서는 등대가 오른쪽에, 북두칠성이 왼쪽에 조금 고착되어 그려져 있다. 내면에의 방향성과 외면에의 방향성이 동시에 표현되었다는 것은 현재 어느 쪽으로 갈까 갈등상태인 것으로 볼 수 있다. 바다의 파도는 오른쪽이 꽤 강하게 흐르고 있고, 등대가 서 있는 방파제를 비추고 있다. 원이나 점 모양의 별을 그리는 사람은 사물을 추상적으로 생각하는 경향이 있다고 할 수 있지만, 이 사람에게 있어서 사고와 감정의 균형을 맞추는 것도 하나의 과제가 될 수도 있다.

물거품(파도의 물보라)의 상징([그림 2-29] 참조)

물거품이나 파도의 물보라는 넘실거리는 파도를 암시하는 것으로, 감정의 생생한 상태를 시사한다. "하얀 파도머리는 그림을 그린 사람이 지금 안고 있는 체험에 대한 갈등의 존재를 나타낸다. 괴어 있는 물은 피로 체험의 표현 혹은 상징일지도 모른다."[6]

[그림 2-29]에서는 하나의 커다랗고 춤추는 듯한 별이 오른쪽에 그려져 있다. 뾰족한 파도가 왼쪽으로 가면서 동그랗게 소용돌이치는 것처럼 변화하고 있다. 하얀 원의 물보라가 다섯 개 정도 그려져 있다. 7세의 이 여자아이의 내면은 격하게 움직이고 있고, 자기 자신에 대해서는 잘 납득하고 있지만 점차 밖을 향함에 따라 힘을 잃어 가면서도 공격적인 모습이다. 감정 조절을 배우고 있는 것으로 보인다. 한편, 별이나 물보라에서는 즐거움의 모습도 엿보인다.

그림 2-29 물거품(파도의 물보라) (여/7세 9개월)

반쪽 섬과 모래사장·해변([그림 2-30] 참조)

해변은 "바다와의 관계에서는 단단함이라는 의미가 있다. 발밑에 기반을

그림 2-30   반쪽 섬과 모래사장 · 해변(남/40세)

제공하는 것은 단단한 것이다. 그러나 또한 저항물, 큰 파도가 치는 것, 배를 난파시키는 단단한 것이라고 할 수 있다."[6]

반쪽만 그려져 있는 섬은 섬이나 방파제와 같이 저항과 장애를 시사한다.

[그림 2-30]에는 오른쪽에 반쪽만 보이는 섬과 해변이 그려져 있다. 감정의 세계에서 외부로부터 어떠한 문제가 있다고 볼 수 있다. 자기의 별이 왼쪽에 두 개 그려져 있는데, 아베랄르멘이 말한 쌍둥이자리(같은 크기인 경우가 많다)라면 두 개의 자아, 곧 자아의 갈등이라고 생각된다. 사고나 감정은 잘 기능하고 있는 것으로 보이지만, 사고 · 의식의 세계와 감정 · 무의식의 세계를 수평선으로 일단 나눠서 생각하고 있다고 여겨진다.

배와 배에 타고 있는 두 사람([그림 2-31] 참조)

배는 "인간이 바다에 타고 가는 것으로, 바다에서는 주거지이다. 모험을 위한 출발, 먼 곳으로의 행운의 항해의 상징이기도 하다. 난파하거나 침몰하는 배는 그림을 그린 사람이 안전하게 보호되지 않은 체험, 즉 '부서진 희망'을

그림 2-31　배와 배에 타고 있는 두 사람(여/52세)

상징한다."[6]

　[그림 2-31]에서는 인물이 본인과 소중한 사람일지 아닐지 그림을 그린 사람에게 질문해야 비로소 그 의미가 정확해진다. 일반적으로 배에 타고 있는 인물이 두 명일 경우에는 인생을 함께 걷는 반려자라고 생각해도 좋지만, 바로 그 자리에서 대화하는 것으로 진짜 의미에 가까워질 수 있다.

　[그림 2-31]에서는 다소 왼쪽에 초승달과 배가 그려져 있고, 내적인 세계에 반려자와 함께 내적 세계의 충실을 목표로 행운의 항해를 하고 있다고 생각된다. 달의 양쪽에 있는 별도 그림을 그린 사람과 함께하는 것 같이 여겨진다.

바위([그림 2-32] 참조)

　바위는 "저항을 암시한다. 또한 방해되는 것, 곤란을 암시한다."[7] 아베랄르멘은 "저항의 고통스러운 경험의 상징으로서 병력이 확인된다. 제방은 평평한 모래사장에서 바위까지의 이동을 나타내는데, 그다지 극적이지는 않다."[6] 라고 설명하였다.

그림 2-32   바위(남/6세 5개월)

[그림 2-32]의 왼쪽 끝에 검게 칠해진 것은 본인에게 물어보지 않으면 알 수 없지만, 아무래도 바위로 보인다. 6세이기 때문에 상징적인 의미를 부여하자면 저항이겠지만, 파도의 불안정한 선에서 매우 개인적이고 내적인 갈등이 있는 것은 아닐까 하는 생각이 든다. 하늘에는 사람 모양의 별이 확실한 필적으로 그려져 있는 것으로 보아 생각하는 것은 잘할 수 있는 아이 같다.

물고기([그림 2-33] [그림 2-34] 참조)

물고기는 "물의 원주민이다. 물은 물고기에게 활력을 부여한다."[6] 물고기는 무의식의 바다에서 움직이는 에너지라고도 불린다. 또한 물고기는 그리스어로 그리스도라는 이름의 첫 글자를 합친 것이기도 하며, 그 의미로 그리스도의 별명이 되기도 했다.

그 밖의 부가물에 대해서는 상징사전 등에서 참고로 그 의미를 찾아가자. 상징은 다의적이기 때문에 사전을 보면 정반대의 의미도 보게 된다. 그중 어느 해석을 취할까는 그림을 그린 사람과, 그곳에서 대화를 한 상담자가 알고

그림 2-33　물고기(여/6세 5개월)

그림 2-34　물고기(여/20세)

있다. 그때는 알지 못해도 언젠가 알게 되는 때가 반드시 오게 된다. 그래서 그림을 몇 번이고 계속해서 보는 것이 중요하다. 이는 그림, 모래놀이치료, 콜라주에서도 동일하다. 볼 때마다 새로운 발견이 분명 있을 것이다.

[그림 2-33]에서는 물고기가 웃고 있고 거품을 내뿜으며 즐겁게 바다를 헤엄치고 있다. 하늘에는 4개의 별과 구름이 떠 있고, 하늘의 배경은 검게 칠해 놓았다. 이 그림을 그린 아이는 생생하고 풍부한 감정세계를 가진 여자아이로 지적인 세계도 확고히 가지고 있다고 볼 수 있다.

[그림 2-34]에서는 물고기가 검게 칠해져 있는 것으로 보아 정서적인 문제의식이 느껴진다. 달이 오른쪽에 떠 있는 것으로 보아, 흥미와 관심은 외부세계에 향해 있지만, 자기의 문제의식으로 인해 감정세계에서는 내적인 세계를 보고 있는 듯하다. 뾰족한 선으로 그려진 작은 별은 검게 칠해져 사고·의식의 세계에서도 문제를 느끼고 있는 듯하다. 바다의 파도는 부드러운 선으로 그려져 있는데, 이는 부드러운 감정세계를 가지고 있다고 말할 수 있다. 외부에서의 자극에 민감하고 영향을 받기 쉬운 점도 있다고 볼 수 있다.

5) 제5단계: 필적 분석

아베랄르멘은 필적 학자였기 때문에 선별검사에서 처음으로 문자 필적을 사용한 것에 대해서는 이미 설명하였다. 문자 필적도 그녀의 검사 배터리에 포함되어 있지만, 필자들은 일본어와 독일어의 차이 때문에 일본에서 검사 배터리를 도입할 때에는 문자 필적은 다루지 못했다. 그러나 그림에도 선이 사용되기 때문에 필적학의 견해는 필요하다. 해석 5단계에 필적이 있기 때문에 그 중요성이 다섯 번째라는 것은 아니다. 실은 모든 그림검사의 기초가 되기 때문에 가장 중요하다고 말할 수 있다. 문자 필적과 그림에서의 선의 차이는 그림에는 면의 처리가 있다는 것을 들 수 있다. 아베랄르멘은 발테그 (Wartegg)의 동료였던 필적학자 베터(Vetter)의 가르침을 받았는데, 베터가 가르치는 방식을 발전시켜 독자적인 필적 이론을 만든 것이다.

그녀의 그림의 선 분석은 ① 선 긋는 법, ② 필적 타입, ③ 필적의 흐트러짐, ④ 평면 처리의 네 가지가 있다. 두 번째 필적 타입은 베터의 생각이고, 세 번째 필적의 흐트러짐은 아베랄르멘이 오랜 경험과 많은 임상 예시를 통해 생각해 낸 것이다. 또한 평면 처리도 아베랄르멘의 발상이다.

(1) 선 긋는 법

필적 분석의 제1단계는 선 긋는 법을 검토하는 것이다. 형태를 만드는 선은 시작부터 끝까지 한 번의 선으로 그려지는 경우가 많다. 전형적으로 일본인은 오각의 별을 그릴 때 한 번에 그리며, 시작점이 있고 마지막은 시작점에서 끝나는 형태이다. 이러한 형태를 그리려고 머리로 생각하기 때문에 망설임 없는 선으로 형태가 만들어진다. 아무리 둥근 별이어도 시작이 있고, 끝을 향한 선은 도중에 끊기지 않는 한 개의 선이다.

한편, 파도의 선을 그릴 때에는 자연스럽게 출렁이는 듯한 선으로 그려지는 경우가 많다. 진자가 흔들리는 것처럼 선이 그려진다. 선 긋는 법에는 세 가지의 분류가 있다. 한 번에 긋는 선과 출렁이는 선은 인간 생활의 기본적인 기능을 표현하는 것이고, 전자는 의식적인 능력이며, 정신과 관련된다. 후자는 본능적인 생명의 표현이고, 사람의 삶과 관련된다. 어느 쪽의 선이든 안정된 선과 불안정한 선으로 그려질 수 있다. 또 연속한 선인가 끊긴 선인가도 검토한다.

한 번에 긋는 선([그림 2-35] 참조)

한 번에 선을 그리는 사람은 망설임 없이 스스로가 생각한 이미지를 만들고, 의식적인 조절이 가능한 사람이라고 할 수 있다. 정신을 집중해서 목적을 추구할 수 있는 사람이다.

출렁이는 선([그림 2-36] 참조)

출렁이는 선을 그릴 때에는 팔이나 손목을 이용하여 편안하게 자신 특유의 리듬으로 그리면 된다. 흐르는 듯한 흔들리는 선을 그리는 사람은 생활에서 막힘이 없는 것을 나타낸다. 한편, 움직임이 없는 선으로 바다를 표현하는 사람은 생활상에 어떠한 막힘이 있는 것을 시사한다고 할 수 있다.

안정적인 선([그림 2-37] 참조)

안정적인 선을 그릴 때에는 가늘고 민첩한 선을 망설임 없이 그리면 된다. 이처럼 선을 그리는 사람은 무엇을 어떻게 하면 좋을까 알고 있는 사람으로, 안정되어 있고, 바로 화내지 않는 사람이다.

불안정한 선([그림 2-38] 참조)

불안정한 선은 주저하고 망설이는 듯 가늘게 끊어진 선이다. 묘선은 흔들리고 침착하지 못한 모양으로 계속 망설임이 있다. 이처럼 선을 그리는 사람은 쉽게 초조해하며 자신이 없는 우유부단한 성격이라 할 수 있다. 이는 그림을 그린 사람의 성격 특징인데, 무엇으로 인한 장애를 시사하는 경우도 있다.

연속된 선([그림 2-39] 참조)

연속된 선은 최종점에 이르기까지 쉬지 않고 계속되는 선이다. 이처럼 선을 그리는 사람은 되돌아보는 것보다 곧장 목표에 돌진하는 사람이라고 할 수 있다.

단절되어 있는 선([그림 2-40] 참조)

단절되어 있는 선은 일단 선을 끊고, 다시 그리기 시작하는 선이다. 이처럼 선을 그리는 사람은 한번 멈춰 서서 자신이 해온 것을 되돌아보고 또 다시 나아가는 타입으로, 신중한 사람이라 할 수 있다.

그림 2-35　한 번에 긋는 선(여/35세)

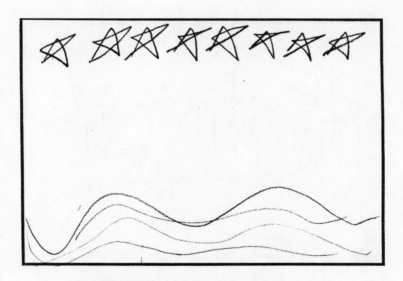

그림 2-36　출렁이는 선(파도)(여/6세 11개월)

그림 2−37   안정적인 선(여/52세)

그림 2−38   불안정한 선(파도)(남/6세 5개월)

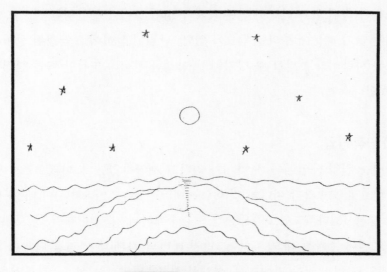

그림 2-39 연속된 선(여/21세)

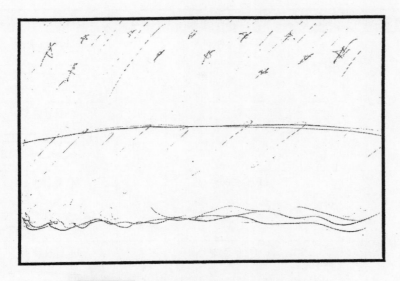

그림 2-40 단절되어 있는 선(밤하늘의 일부)(남/17세)

또한 연속된 선과 단절된 선은 각자 안정된 선이나 불안정한 선으로 대응하지는 않기 때문에 주의할 필요가 있다. 단절된 선이어도 안정된 선이라면 신중한 사람이라고 말할 수 있지만, 불안정한 선이라면 불안 또는 신경질적일 수 있다.

(2) 필적 타입

베터는 필적 타입에는 네 가지가 있다고 제창하였는데, 아베랄르멘은 임상경험으로부터 각각 지나친 것(이는 장애의 전조라고 생각한다)이 네 가지 있다며 발전시켰다. [그림 2-41] 중 ①~④가 베터의 기본 네 가지, ⑤~⑧이 아베랄르멘이 추가한 네 가지이다. 먼저 베터의 기본 네 가지를 다루어 보겠다. 필압과 연필 잡는 법에는 ① 섬세한 선, ② 날카로운 선, ③ 부드러운 선, ④ 확실한 선의 네 가지가 있다. ①은 연필을 일자로 잡는다. 즉, 연필의 심

필적의 각도	필압	선의 명칭과 사례	필압	선의 명칭과 사례
일자로	약함	① 섬세한 선 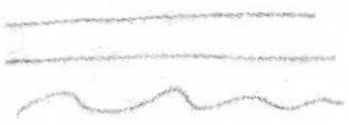	강함	② 날카로운 선 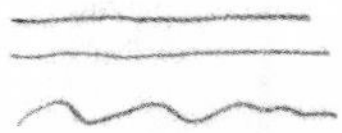
	매우 약함	⑤ 얇은 선	매우 강함	⑥ 단단한 선 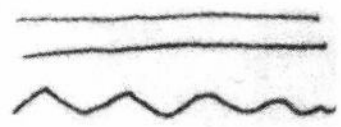
비스듬히	약함	③ 부드러운 선 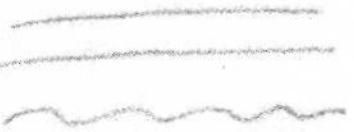	강함	④ 확실한 선 
	매우 약함	⑦ 무른 선	매우 강함	⑧ 난잡한 선 

그림 2-41 필적 타입

앞쪽에서 약한 필압으로 하나의 선을 긋는다. 종이에 살짝 닿는 것처럼 그려서 그 선이 얇다면 섬세한 필적이라고 한다. ②는 연필을 잡고 필압을 강하게 하면 날카로운 필적이 된다. 이는 섬세한 필적보다 진하고 조금 두꺼워진다. ③은 연필을 비스듬히 잡는다. 즉, 연필의 심 측면에서 선을 긋는다. 이는 부드러운 필적이라고 한다. ①보다 그림의 선이 두꺼워진다. ③은 면을 칠할 때 사용하는 경우가 많다. ④는 연필을 비스듬히 잡고 필압을 강하게 한다. 확실한 필적이 되며, 부드러운 필적보다 진하고 두껍다.

① 섬세한 선([그림 2-42] 참조)

섬세한 선은 감정이입 경향과 두드러지는 감각의 예민함을 의미한다. 공감적 이해나 민감함을 시사한다.

② 날카로운 선([그림 2-43] 참조)

날카로운 선은 합리적인 제어 능력, 의식을 의미한다. 자신을 통제해 나아가는 이성적인 능력을 가진 것을 시사한다.

③ 부드러운 선([그림 2-44] 참조)

부드러운 선은 관능적인 감수성을 의미한다. 이처럼 선을 그리는 사람은 감각적인 요소를 가지고 있으며, 다른 심리기능보다 우위인 점을 시사한다.

④ 확실한 선([그림 2-45] 참조)

확실한 선은 충동적이고 자연체로부터 무의식적인 것을 의미한다. 이처럼 선을 그리는 사람은 에너지가 있고, 자발적이고, 본능적인 타입임을 시사한다.

다음으로는 아베랄르멘이 제창한 장애의 전조 선을 그어 보자. [그림 2-41]의 ⑤ 얇은 선, ⑥ 단단한 선, ⑦ 무른 선, ⑧ 난잡한 선은 ①, ②, ③, ④의 지나친 모양이다. ⑤는 ①의 필압을 조금 더 약하게, 될 수 있는 한 약하게 그으면 얇은 필적이 된다. 거의 보이지 않는 후들후들 흔들리는 듯한 선이다. ⑥은 ②의 필압을 조금 강하게 한, 될 수 있는 한 강하게 그으면 단단한 필적이 된다. 이것은 아래에 종이를 두고 그릴 경우, 종이를 뒤집어서 손으로 만지면 선이 느껴질 정도로 필압이 강한 것이다. ⑦은 ③의 필압을 조금 더 약하게 한 것이다. 가능한 한 약하게 그으면 번지는 듯한 선이 되며, 무른 필적이 된다. 이것은 선이라기보다는 스치면 이리저리 흐트러진 듯한 면이 보인다. ⑧은 ④의 필압을 좀 더 강하게 한 것이다. 가능한 한 필압을 강하게 그으면 난잡한 필적이 된다. 이는 교내폭력 등의 충동적인 학생의 그림에서 주로 나타난다.

⑤ 얇은 선([그림 2-46] 참조)

얇은 선은 섬세한 것뿐만 아니라, 부서지기 쉽고 무르다. 감정의 과민함을 보이고, 장애의 의심과 상처받기 쉬운 것을 의미한다.

⑥ 단단한 선([그림 2-47] 참조)

단단한 선은 생각이 일방적으로 합리적이며, 때로는 마찰적으로 되는 것을 떠오르게 한다. 극단적으로 날카로운 의지가 쏟아지는 것을 의미한다.

⑦ 무른 선([그림 2-48] 참조)

무른 선은 지저분하고 희미한 느낌이 든다. 관능적 흥분성을 의미하고, 외부의 영향을 받기 쉬움을 시사한다. 과도하게 감각 수동성이고, 이미 영향을 받은 경우도 있다.

⑧ 난잡한 선([그림 2-49] 참조)

난잡한 선은 억제나 민감함이 아닌 폭주하는 '충동성'을 시사한다. 한 방향으로 마구 달리는 충동적인 행동을 의미하는데, 사춘기 후기의 청소년이나 성인에게서는 인격적 성장의 지연이 있는 것으로 여겨진다.

필압이 약한 것은 수동적이고, 감정이 주로 활동하는 것이라고 말할 수 있다. 필압이 강한 것은 능동적이고, 의사가 주로 활동하고 있는 것이다. 그런 연유로 ①, ③, ⑤, ⑦의 필적을 많이 그리는 사람은 수동적이고 감정이 우위인 사람이고, ②, ④, ⑥, ⑧의 필적을 많이 그리는 사람은 능동적이고 사고가 우위인 사람이라고 할 수 있다.

그 밖에 두 가지의 장애 전조가 있다. 검게 덧칠한 필적과 산산조각 난 필적이다.

검게 덧칠한 필적([그림 2-50] 참조)

검게 덧칠한 필적은 특정 장소를 무의식적으로 빈틈없이 모두 칠해서 그곳을 강조하는 방식이다. 이처럼 그림을 그린 사람은 그러한 행동에 대한 이유를 모르고, 그곳으로부터 벗어나지 못하고 검게 그려 낸다. 그러나 그림에 표현된 갈등은 대화 중에 시사되는 경우가 많다. 나무그림검사나 발테그림검사 등에서도 나타난다.

산산조각 난 필적([그림 2-51] 참조)

산산조각 난 필적은 대부분의 경우에 긴 선으로 나타나지만, 별-파도그림검사에서는 긴 선은 그다지 보이지 않는다. 나무그림검사의 나무줄기나 가지의 윤곽에서 자주 볼 수 있다. 보통 절단된 선으로 그려지는데, 그것이 지나쳐서 너무나 많은 통제를 하여 매우 내성적이라고 할 수 있다. 신경질적인 자기제어를 의미한다.

[그림 2-40]의 '단절되어 있는 선'은 하나의 선이 잘게 그어져 있지만, '산산조각 난 선'은 대각선으로 뿔뿔이 흩어지게 그어서 하나의 선으로 보기 어렵다.

그림 2-42 섬세한 선(남/24세)

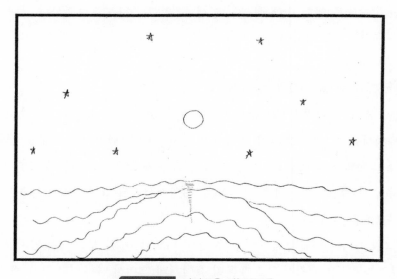

그림 2-43 날카로운 선(여/21세)

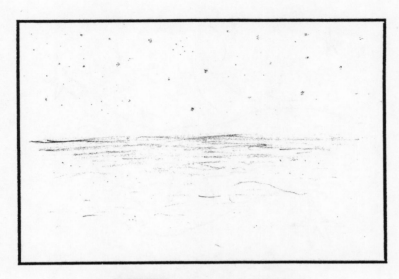

그림 2-44 부드러운 선(파도)(여/40세)

그림 2-45 확실한 선(여/40세)

그림 2-46　얇은 선(파도의 얇은 선)(여/50세)

그림 2-47　단단한 선(별)(남/6세 11개월)

그림 2-48 무른 선(남/40세)

그림 2-49 난잡한 선(남/15세)

그림 2-50 검게 덧칠한 필적(남/35세)

그림 2-51 산산조각 난 필적(남/6세 8개월)

(3) 평면 처리

그림자를 그림([그림 2-52] 참조)

'그림자를 그리는 것'은 그림의 분위기를 강조한다. 부드러운 선으로 그림자가 그려지는데, 감각수용적이라기보다 여기서는 분위기 있는 표현을 한 것이다. 정서적이고 관능적인 감수성이라고 해석할 수 있다.

선 그림자를 그림([그림 2-53] 참조)

'선 그림자를 그리는 것'은 평행선으로 그림자를 그리는 것으로, 의식적인 통제가 어느 정도 필요하다. 이성표현으로서의 직선과 감성표현으로서의 그림자를 그리는 것이 여기서는 같다. 즉, 감정을 이성으로 통제하려는 것을 의미한다.

윤곽을 그림([그림 2-54] 참조)

'윤곽을 그리는 것'은 합리성의 강조이다. 윤곽선은 머릿속에서 떠오른 것을 추상적으로 스케치할 때 사용된다. 내성적이고 틀어박힌 생각의 반응이거나, 그릴 수 없기 때문에 개념적으로 반응하는 것이다. 윤곽 자체는 검사의 지시에 대한 이성적 반응이다.

어둡게 그림([그림 2-55] 참조)

'어둡게 그리는 것'은 그림자를 그리는 것보다 더욱 강하게 그림의 색을 강조하는 것인데, 갈등을 시사하는 검게 덧칠하는 방법과는 구별된다. 정동(情動), 또는 격정의 강한 표현이다. 아이일 경우에는 색을 칠하는 대신 검게 칠하는 경우가 있지만, 정동 혹은 격한 감정의 표현은 아니며 그런 사용법도 있다는 것을 염두에 두고 판단에 따른 주의가 필요하다.

그림 2-52 그림자를 그림(남/40세)

그림 2-53 선 그림자를 그림(여/23세)

그림 2-54 윤곽을 그림(여/14세)

그림 2-55 어둡게 그림(여/26세)

그림 2-56   거칠게 그림(남/15세)

거칠게 그림([그림 2-56] 참조)

'거칠게 그리는 것'은 조화롭지 않게 배치된 하나의 선으로 그려진다. 문질러서 너덜너덜해지고 찢어질 것 같은 인상을 준다. 사회불안장애를 의미한다. 나무그림검사에서 종종 줄기에 거친 면이 나타난다.

3. 종합적 해석

다음에 별-파도그림검사의 종합적인 해석을 두 가지 들고 있다. 내담자의 사생활을 보호하기 위하여 그림을 그린 사람의 배경은 성별과 연령만 제시하고 다른 부분은 생략하였다.

1) 내담자 A의 '별-파도그림검사' 해석([그림 2-57] 참조)

(1) 그림의 첫인상

부드러움과 단단함이 동시에 표현되어 있다. 안정되어 있고, 따뜻하며, 생동감이 있다.

제1단계: 그림의 분류

별이 뜬 하늘의 음영에서 다소 감정을 담은 패턴이라고 볼 수 있다. 이는 감각적이고, 관능성이 짙고, 정서적인 것을 소중하게 생각하는 사람으로 여겨진다.

제2단계: 공간구조의 형식

하늘과 바다가 자연스러운 조화를 이루고 있다. 이는 심적인 균형이 갖춰져 있는 상태로 볼 수 있다.

제3단계: 공간의 상징적인 사용법

상하 양쪽이 모두 강조되어 있어 균형을 갖추고 있다. 좌우는 다소 오른쪽이 강조되어 보인다. 자신의 별(가장 큰 별)이 오른쪽으로 치우쳐 있고, 반짝임을 주어 강조하고 있는 것으로 보아 사회에 대한 지향성이 강하다고 생각된다. 그러나 좌측에도 다섯 개의 별이 그려져 있어서 내면적인 사고(가치관이나 종교관 등)도 이 사람에게 있어서 소중한 것이라 생각된다.

제4단계: 사물의 상징

별-파도 이외의 첨가물은 없지만, 별빛이 그려져 있고 오른쪽이 강조되어 있는 것으로 보아 사회를 향해 자신이 빛나고 있는 혹은 빛나고 싶은 바람이 있는 것일지도 모른다.

그림 2-57   내담자 A(여/50대)

제5단계: 필적 분석

별이 전부 날카로운 필적으로 그려져 있는 것으로 보아 내적인 사고와 관련해 이 사람은 이성적인 통제가 강하다고 말할 수 있다. 하늘과 바다 전체에 음영이 그려져 있는 것으로 보아 불안이나 약간의 우울함이 있을지도 모른다. 파도도 날카로운 필적과 분명한 필적으로 그려져 있으며, 이중, 삼중으로 선을 그어 표현하였는데, 이 선은 규칙적으로 보인다. 감정 면에서도 자기 자신을 통제하는 능력이 있는 것으로 사료된다. 이 규칙성으로 보아 '이러지 않으면 안 되는' 질서나 규칙에 묶여 있는 생각을 하는 것으로 시사된다.

＊

이 그림을 그린 사람의 내적 세계는 전체적으로 균형이 잡혀 있고, 정서적인 것을 소중하게 여기는 사람이지만, 가치관이나 종교관 등 이성적인 것과 사회를 향한 지향성도 커서 갈등의 존재가 시사된다. 감정을 이성으로 통제하는 것으로 균형을 유지해 나가고 있는 모습이 그려진다.

2) 내담자B의 '별-파도그림검사' 해석([그림 2-58] 참조)

(1) 그림의 첫인상

안정된 그림, 단정한 그림, 조용한 그림, 쓸쓸한 그림, 섬세한 그림을 표현하였다.

제1단계: 그림의 분류

요점만 있는 패턴이지만 별이 검고 날카로운 선과 섬세한 선으로 칠해져 있다. 따라서 요점만 있는 패턴임과 동시에 상징적인 패턴이기도 하다. 이 그림을 그린 사람은 사물을 이성적으로 처리하려고 하는 경향을 엿볼 수 있다. 의식이나 사고에 대해 고집이 있다고 판단된다.

제2단계: 공간구조의 형식

병치에 해당한다. 이 그림을 그린 사람은 의지적으로 환경이나 생활에 맞추려고 한다. 파도 그림은 같은 폭을 유지하며 겹치는 선이 없다. 다소 패턴화하고 있으며, 무의식이나 감정이 활발하게 움직이는 편은 아니다. 용지의 양쪽 끝에 닿지 않게 그려져 있는 것으로 보아 감정을 자기 자신에게도 닿지 않게끔, 또 외부에도 보이지 않게끔 통제하고 있다. 혹은 외부에 노출되지 않게 통제가 가능할 수도 있다. 왼쪽 하단의 파도 선들이 아래로 내려가는 모양으로 보아 다소 기분이 가라앉아 있는 경향, 우울한 경향을 엿볼 수 있다.

제3단계: 공간의 상징적 표현

하늘의 우위에 해당한다. 이 그림을 그린 사람은 지적·정신적 측면에 중점을 둔 삶의 방식을 지향하고 있고, 그러한 능력도 있다. 자신의 별(가장 큰 별)이 오른쪽에 치우쳐 있는 것으로 보아 사회에 대한 지향성이 있다. 하지만 오른쪽의 5개의 별에 비해, 왼쪽에는 9개의 별이 그려져 있기 때문에 내면적

그림 2-58   내담자 B(남/30대)

인 사고도 이 사람에게 있어서 소중한 것임을 알 수 있다.

제4단계: 사물의 상징

별-파도 이외의 첨가물은 없지만, 검게 칠해져 있는 별이 있는 것으로 보아 의식적·지적인 세계에서 갈등이 있는 것 같다.

제5단계: 필적 분석

별은 거의 날카로운 필적으로 깔끔한 형태를 띠고 있어 의지력이 충분히 움직이고 있는 것으로 보인다. 큰 별과 중간 크기의 별은 모두 검게 칠해져 있다. 작은 별은 중심에서 다섯 방향으로 하나의 선으로 그려진 검은 별이 되었다(중심이 공백으로 된 별은 없다). 지적 세계를 향한 집착이나 갈등이 엿보이지만, 의지를 가지고 목적을 향해서 돌진하는 안정감이 느껴진다. 파도는 출렁이는 선으로 부드러운 필적으로 그려져 있다. 비교적 안정되어 있고, 연결된 선으로 그려져 있다. 감각적이고 관능적인 요소를 가지고 있지만, 그것을 충분히 발휘하지 못하는 상태에 있는 것으로 여겨진다.

〈표 2-1〉 별-파도그림검사의 해석 5단계

1. 그림의 분류	요점만 있는 패턴	그저 별-파도만 그렸다.	이성적이고 솔직하지만, 내면을 표현하는 것에 관심이나 지식이 없다.
	회화적인 패턴	생동감 있는 하나의 회화작품으로 그렸다.	감정적으로 풍부하고, 내면의 표현을 향한 관심이 강하다. 인간관계 형성에도 적극적이다.
	감정을 담은 패턴	정서적인 표현이 특징임. 그림에 취향이나 분위기가 엿보인다.	감각적·관능적이며, 정서면을 중요하게 생각한다.
	형식적인 패턴	형식적이고 장식적으로 그렸다.	방어적이다. 또한 방어적이지만 자기과시욕이 강하며, 자기표현에 적극적인 면도 있다.
	상징적인 패턴	심적 문제의 상징적인 면이 엿보인다.	심적 갈등을 내재하고 있지만, 그것을 명확하게 인식하지 못하고 있다.
2. 공간구조의 형식	자연스러운 조화	자연의 풍경과 같은 표현으로 명확한 수평선이 그려져 있지 않다.	현실생활에서 특별히 큰 갈등 없이 균형 있게 살고 있다.
	병치	별-파도를 단순하게 균등 배치하고, 많은 경우 중간에 공백이 보인다.	의지적으로 환경이나 생활에 적응하려고 한다. 자신의 가치관에 갇혀 있지 않은 유연함이 있다.
	규칙성	스스로가 설치한 엄한 규칙에 의한 표현이 세부적인 부분까지 엿보인다.	꼼꼼하고 강박적이다. 매우 엄격해서 생기가 부족하다. 개인적인 충동을 억압하고 있다. 아이들의 경우에는 외적인 규칙에 따르는 경우가 많다.
	부조화	배치가 매우 부자연스럽다.	심적 갈등의 신호일 가능성이 있다. 청년기의 경우에는 권위를 향한 반항으로 보일 수도 있다.

		하늘과 바다의 조화	지적 · 정신적 측면, 감정적 · 신체적 균형이 자연스럽게 잡혀 있다.
3. 공간의 상징적인 사용법	수직적	하늘의 우위	지적 · 정신적 측면에 중점을 둔 생활을 지향하고 있다. 별이 간결하고 세련된 경우에 그러한 능력도 있다.
		바다의 우위	감정적 측면을 중시하고 있다.
		수평선으로 하늘과 바다가 접촉	2개의 측면이 분화되어 있어 그것을 통합하고 있다.
		하늘과 바다의 간격	지적 · 정신적 측면과 감정적 측면이 분리되어 있고, 통합되어 있지 않다.
		하늘과 바다 사이가 강조된 공간	감정적 측면에서 지적 측면을 따로 떼어 분해하는 경향이 있다.
		별과 바다의 혼재	사고와 감정의 구별이 애매하고 혼재되어 있다.
	수평적	특별한 강조가 없음	내적 경험과 외적 경험이 거의 균등하다.
		왼쪽 강조	내적 측면이 중요하며, 내적 동요로 생각할 수 있다.
		중앙 강조	문제의 중심으로, 많은 경우에 자신의 주제를 그린다.
		오른쪽 강조	진로나 인간관계 등의 외적인 과제를 가진다.
4. 사물의 상징		바위 · 절벽	왼쪽에 있는 경우는 내적인 장애와 그것으로 인한 갈등을 의미하며, 오른쪽에 있는 경우는 문제의 원인이 외부나 타인과 관계가 있다.
		섬	갈등이나 방해의 존재를 시사하는데, 표현에 따라서는 안정을 향한 욕구가 되기도 한다.
		배	의사소통이나 인생을 사는 방식을 상징하며, 제대로 된 배인 경우에는 확실함을, 불안정한 경우에는 혼란을 의미한다.
		달	관심이나 흥미의 방향성을 나타낸다.
		해변	안전을 의미한다. 대상으로부터 물러나 객관적으로 내면을 보려고 하는 경향이 있다. 억울함이나 불안정감을 갖는 경향이 있다.
		등대	인공적인 빛으로 길을 인도하는 것으로, 오리엔테이션을 시사한다.

5. 필적 분석	섬세한	감정이입의 경향이 있고, 예민한 감각이 두드러지거나 공감적 이해 혹은 민감함을 시사한다.
	날카로운	합리적인 제어 능력, 의식을 의미한다. 자신을 통제하여 이끄는 이성적인 능력을 가진다.
	부드러운	관능적인 감수성, 감각적인 요소의 우위에 있다.
	확실한	충동적이고, 자연체로 무의식적이며, 에너지가 넘치고, 자발적이고, 본능적 경향이 있다.
	얇은	허무함을 내재하고 있고, 과도한 감수성과 쉽게 상처받는 경향이 있다.
	단단한	사고나 행동에 단호함을 보이는 경우가 있다. 의지적이다.
	무른	외부로부터 영향을 받기 쉽다. 과도하게 수동성을 나타낸다.
	난잡한	방향성이 없는 충동을 지니고 있다.
	고착(검게 덧칠한)	어떤 물건이나 장소에 무의식적으로 고착되어 있다. 현재 진행 중인 심리적 갈등을 시사한다.
	산산조각 난	신경질적인 자기제어 기능이 있다.

스즈키 [鈴木 2001] 의 표에 추가시킨 것

*

온화하고 안정감 있는 사람이지만, 의식적·지적 세계를 향한 집착이나 갈등이 있다. 또한 자신의 정서적인 면(감정)을 자신에게도 보이지 않는 부분이 있으며, 그렇기 때문에 외부에 대해서도 충분히 발휘하지 못하는 경향이 있다. 앞으로는 현재의 갈등을 의지력으로 해결하여 목표를 향해 나아가는 것이 가능할 것으로 보인다.

제3장

발테그그림검사(WZT)

1. 발테그그림검사의 개요

1) 역사

발테그그림검사(독일어: Wartegg-Zeichen Test, 영어: Wartegg Drawing Completion Test)는 독일의 심리학자 에리히 발테그(Ehrig Wartegg: 1897~1983)가 개발한 투사그림 완성 방식의 심리검사이다. A4 크기의 검사 용지 위 절반에 사방 4cm의 정사각형 칸이 4열×2단의 총 8칸으로 구성되어 있다. 각각의 칸 안에는 점이나 선으로 된 자극도형이 그려져 있다([그림 3-1] 참조). 이 정해진 용지의 칸 안에 내담자가 연필을 사용하여 그리는 검사이다. 발테그가 1939년에 쓴 『형태와 성격: 그림 표현에 따른 형태와 디자인의 해석에 의한 성격유형론(Gestaltung und Charakter: Ausdrucksdeutung zeichnerischer Gestaltung und Entwur feiner charakterologischen Typologie)[1]』에 의해 처음 소개된 발테그그림검사는 독일어권을 중심으로 시작되었지만, 미국, 핀란드 등에서도 소개되었고, 일본에서는 1950년대 후반부터 활용되었다. 초기에는 히가시, 오오타니(東, 大谷, 1958)[2]나 아쓰미(渥美, 1960),[3] 이리에(入江, 1966)[4] 등에 의해 주로 정신병리학 영역에서 사용되었던 검사이다. 이후 이와부치(岩渕, 1970,[5] 1971,[6] 1972,[7] 1973,[8] 1974,[9] 19751,[10] 1976[11])의 일련의 연구를 시작으로 정상군에 적용된 연구도 보고되었다. 그러나 마사야스(正保, 1999),[12] 쿠리무라(栗村, 2000),[13] 스기우라, 가쓰키, 스키가라(杉浦, 香月, 鋤柄, 2005)[14]가 지적한 것처

발테그(Wartegg) 묘화 검사

Wartegg Zeichen Test(WZT)

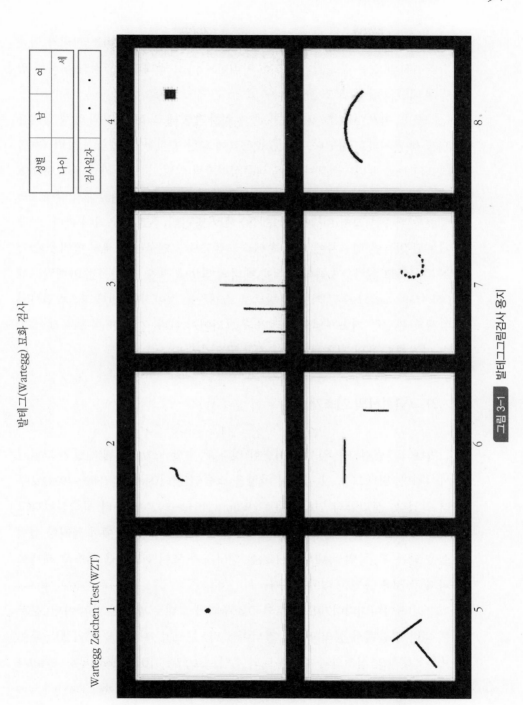

그림 3-1 발테그그림검사 용지

럼, 현재 일본에서는 임상 분야나 그 이외의 분야에서 사용되는 기회가 적은 심리검사인 것은 부정할 수 없다. 이러한 이유로 발테그그림검사의 해석 방법에 대한 복잡함, 모호함을 들 수 있다.

타쿠마, 아쓰미(詫摩, 渥美, 1966)[15]에 의하면 발테그그림검사의 해석 방법은 크게 세 가지파로 나뉜다. 즉, ① 발테그에 의한 통계적-유형학적 방법, ② 발테그의 동료 베터(Vetter)에 의한 심층심리학적 방법, ③ 로센과 쇼트(Lossen & Schott, 1952)[16]에 의한 경과 분석적 방법이다. 일본에서는 지금까지 발테그의 방법을 계승한 킹젯(Kinget, 1952)[17]의 해석 방법이 주로 사용되어 왔다. 앞에 거론된 일본인 연구자에 의한 발테그그림검사의 연구는 킹젯의 방법을 근거로 사용하고 있다. 이 책의 목적은 베터의 방법을 계승, 발전시킨 아베랄르멘(Avé-Lallemant, 1994)[18]의 해석 방법을 소개하는 것이지만, 발테그그림검사의 탄생과 관련한 기초개념의 이해가 우선되어야 한다. 이러한 이유로 해석 방법 이전에 다음의 기초개념을 숙지할 필요가 있다.

2) 그림검사의 기초개념

발테그그림검사는 앞에서 서술한 것과 같이 발테그에 의해 개발된 그림검사이지만, 발테그는 이 검사의 착상을 스승인 샌더(Sander: 1889~1971)로부터 얻었다. 심리학의 역사는 분트(Wundt: 1832~1920)로부터 시작되었다고 일반적으로 알려져 있다. 분트가 1879년에 라이프치히대학에서 심리학 실험실을 만든 후, 독일 국내외에서 많은 연구자가 모여 심리학을 배우고 세계로 퍼져 간 것은 유명한 이야기이다.

그러나 아이러니하게도 분트의 요소주의가 그대로 발전된 것이 아닌, 분트에 대한 비판에서 심리학이 발전되어 왔다. 분트가 부학장을 역임했던 라이프치히대학의 심리학과에서 분트의 후임으로 크루거(Krueger: 1874~1948)가 새로 부임하였는데, 그는 동료들과 함께 전체성 심리학(Ganzheit Psychologie)

을 주장하며 요소주의에 이의를 제기했다. 같은 시기에 베를린대학을 활동의 중심으로 하여 새로운 심리학을 주장한 것은 베르트하이머(Wertheimer: 1880~1943), 코프카(Koffka: 1886~1941), 쾰러(Köhler: 1887~1967) 등의 베를린 학파이며, 그들은 물론 게슈탈트 심리학의 제창자였다. 이 베를린 학파에 대항하여 크루거와 그의 동료들을 라이프치히 학파라고 부르는데, 라이프치히 학파의 전체성 심리학은 베를린 학파의 게슈탈트 심리학과 발상은 비슷하지만 본질은 다르다. 게슈탈트 심리학이 지각의 형태에 무게를 두는 것에 반해, 전체성 심리학은 형태의 우위 개념으로서 전체성을 주장해 심신의 전체성까지도 설명하려고 하였다.

　그리고 라이프치히 학파의 대표적인 심리학자의 중심에 샌더가 있었다. 전체성 심리학은 구조의 인지에서 관찰된 객체뿐만 아니라 관찰하는 주체도 크게 영향을 미침을 주장했다. 이는 곧 불완전한 것을 완전한 것으로서 인지하기 위해서 필요한 형태부여(form-giving)를 할 때, 개인의 경험, 정서가 영향을 주는 것이라는 생각과 연결된다(Kinget, 1952).[17] 이 이론을 검증하기 위해서 샌더가 실험재료로 만든 것이 '공상검사(Phantasie-Test)'였다. 이것은 불규칙하게 배치된 선을 자유롭게 이어서 도형을 만드는 검사였는데, 발테그는 여기에 착안하여 발테그그림검사를 만든 것이다.

3) 발테그그림검사의 킹젯 해석 방법의 문제점

　앞에 서술한 것처럼, 일본에서는 이제까지 킹젯의 해석 방법이 주로 사용되어 왔지만, 이 기초는 1952년에 미국에서 출판된 『The Drawing Completion Test』[17]라는 책에 모두 적혀 있다. 이것이 유일하게 영어로 쓰여진 발테그그림검사 교재이기도 하다. 일본에서는 주로 1960년대 이후에 이 킹젯의 방법이 사용되어 왔다.

　발테그는 이 검사의 해석에 대해서 내담자의 그림을 분류하고 수량화하는 것을 통해 객관적인 데이터로 해석하는 것을 목표로 하였다. 킹젯은 1943년에 발테그그림검사를 알았지만, 그때는 발테그그림검사의 신뢰성과 타당성이 낮았고, 표준화된 검사라고 할 수도 없었다. 킹젯은 방대한 데이터를 모아 분석하여 독자적인 발테그그림검사 시행과 해석 방법을 내놓았다. 그리하여 이름도 'The Drawing Completion Test'로 하였고, 발테그그림검사의 소재를 사용하고는 있지만 발테그의 생각과는 전혀 다른 시행과 해석 방법이라고 분명히 말하였다(Kinget, 1952).[17]

킹젯의 해석 방법은 8개의 칸에 그려진 각각의 그림을 세세하게 분류하는 것부터 시작한다. 그리고 분류결과를 채점하고, 범주화하는 것으로 내담자의 인성을 특성론적으로 해석한다. 각 그림은 최종적으로 36개의 지표로 채점되고, '외향적' '내향적' '결합적' '창조적' '실제적' '사색적' '역동적' '통제적'의 8개 특성으로 분류하였다. 그리고 이 8개의 득점은 꺾은선 그래프로 나타내어 프로필로 해석된다.

여기서 킹젯 방법의 큰 문제점이 두 가지 있다. 첫 번째로 각 지표의 채점 기준이 모호하다는 것이다. 그렇기 때문에 상담자의 주관에 크게 좌우되는 문제가 발생한다. 이는 대부분의 투사법에서 언급되어 온 것이지만, 발테그그림검사에 킹젯 방법을 사용한 경우는 특히 그러한 경향이 강하게 나타난다. '간신히 들어맞다'에서부터 '꼭 들어맞다'의 6단계 기준을 상담가의 경험에만 의지한 이 방법은 채점 방식에 숙달되는 것만으로는 채워지지 않는 상담가 간의 차이를 발생시킨다.

두 번째로 프로필 표의 균형이 맞지 않다는 것이다. 8개 특성의 득점이 표준화되어 있지 않기 때문에, 말하자면 점수가 그대로 매겨지게 되고, 예를 들어 '외향적'의 30점과 '실제적'의 30점이 같은 중요도로 나타나지 않는다. 이 점수는 킹젯도 주의를 주었으며, 기본적으로 한 개의 카테고리 내에서의 균형을 보는 것이라고 말했다(예를 들어, '외향적'과 '내향적'의 균형을 본다). 그러나 '외향적'에서는 5개의 지표가 포함되어 있고, 점수의 범위는 0~120점인 것에 반해, '내향적'에서는 9개의 지표가 포함되어 있어 점수의 범위는 0~216점이 된다. 이 두 가지의 지표를 비교하는 것에 대한 이론적인 설명이 이루어지지 않고 있다. 수량화를 추구한 결과의 프로필 표임에도 불구하고, 객관적인 해석이 가능하지 않기 때문에 혼란을 낳을 수밖에 없다.

물론 투사법의 수량화는 검사의 신뢰성을 높이기 위해서 매우 중요한 수단이며, 그것 자체를 문제시하는 것은 아니다. 킹젯의 방법도 표준화를 위한 데이터를 수집하고 통계적인 분석에 의해 프로필 표의 수정을 거듭한다면, 로르샤흐 검사의 채점 방식과 같이 신뢰성이 높은 분석 방법이 될 것이다.

2. 발테그의 실시 방법

1) 베터의 방법

아베랄르멘은 뮌헨대학에서 베터로부터 발테그그림검사를 배웠다. 아베랄르멘(Avé-Lallemant, 1994)[18]이 저술한 발테그그림검사의 내용에 있어서도 해석의 기본적인 생각은 베터에게 1장을 분담하여 집필해 받았다. 이 절에서는 1장의 내용을 요약하여 베터의 방법을 소개하겠다.

베터의 해석 방법은 '현상학적 해석'이라고 불리며, 피검자가 어떻게 이 검사를 경험했는지에 대해 생각하는 것을 중시한다. 피검자가 자극도형을 감각적으로 파악하고, 그다음 어떻게 그릴 것인지 착상하는 프로세스를 무의식적인 것으로 받아들여 이 프로세스를 4개의 단계로 해석해 나간다.

(1) 제1단계: 제시된 자극도형의 성질
제1, 2, 7, 8칸의 자극도형은 곡선적으로, 제3, 4, 5, 6칸의 자극도형은 직선적으로 되어 있다. 곡선적인 4개의 칸에는 생물적인 그림이 그려지기 쉬우며, 직선적인 4개의 칸에는 무기질의 사물이 그려지기 쉽다는 전제를 둔다. 제1단계에서는 피검자가 자극도형에 관심을 가지고 곡선적 혹은 직선적인 성질을 충분히 활용하여 그림을 그리는지를 판단한다. 이 판단에 의해 외부에 대해 피검자의 감각이 열려 있는지 아닌지를 해석한다. 다른 말로 한다면, 피검자의 주관성의 해석이다.

(2) 제2단계: 각각의 자극도형이 환기하는 주제

이 단계에서는 8개의 칸 각각이 특정 주제를 환기한다는 전제를 두고 각 칸의 그림을 주제와 관련지어 세밀하게 해석해 간다. 각각의 주제는 '첫 번째 칸: 그 사람의 특징' '두 번째 칸: 움직임' '세 번째 칸: 상승' '네 번째 칸: 무게' '다섯 번째 칸: 긴장' '여섯 번째 칸: 통합' '일곱 번째 칸: 세밀함' '여덟 번째 칸: 안정감'이다.

(3) 제3단계: 그림 착상의 분류

피검자가 자극도형을 보고 이 칸 안에 무엇을 그릴까 착상할 때, 그 착상의 방법이 네 가지 패턴으로 나눠진다는 전제를 두고, 각 패턴이 특정 인성과 관련이 있다는 가설을 세워서 해석을 한다. 다음에 4개의 패턴과 인성이 제시되어 있다. ① 형식적인 패턴=미학적이면 감정적, 추상적이면 이성적이고, ② 요점만 있는 패턴=정적이면 냉정, 동적이면 충동의 제약이 있고, ③ 회화적인 패턴=그림의 내용에 따라서 정서적인 느낌의 정도가 나타나며, ④ 상징적인 패턴=심층심리학적으로 해석해 나간다.

(4) 제4단계: 그림에서 볼 수 있는 필적의 주요한 특징

검사를 연필로 그린다는 점에 착목한다. 연필은 다루는 법에 따라 다양한 선을 만드는 것이 가능하기 때문에 필적을 몇 가지로 분류하고, 각 필적에 맞는 인성을 나타내고 있다. 그림 안에서 어떠한 필적을 어느 정도 나타내는지에 따라 해석해 나간다. 다음에 필적을 보는 두 가지 관점이 소개되어 있다.

첫 번째 관점은 터치이다. 예를 들어, '섬세하고 날카로운 터치=지적' '부드러운 터치=감수성이 있음' 등을 들 수 있다.

두 번째 관점은 윤곽과 음영이다. 뵐플린(Wölfflin)을 참고하여 윤곽이 중시되는 그림을 직선적 양식, 음영이 중시되는 그림을 회화적 양식이라고 하고, 거기에 포팔(Poffals)을 참고하여 윤곽을 중시하는 그림을 의식의 표층과 묶고, 음영을 중시하는 그림을 뿌리 깊은 곳의 생명력으로 묶어 놓는다.

앞의 4단계에 더하여 그림이 칸 안의 어디에 그려져 있는가에도 주의 깊게 볼 것을 설명하고 있다. 칸과 그림의 거리를 보는 것으로, 피검자가 외부세계와 거리를 두는 법이나 충동의 구속이 해석될 수 있는 가능성을 나타낸다.

2) 아베랄르멘의 방법

이제부터 이 책에서 가장 중요한 아베랄르멘의 해석 방법을 설명하겠다. 발테그그림검사의 세 가지 학파 중 하나인 베터의 방법은 20세기 말까지 일본에서 자세히 설명된 적이 없었다. 독일에서 베터의 방법은 제자인 아베랄르멘에 의해 이어져 왔지만, 제2장에서 설명한 것처럼 아베랄르멘에게 배운 스위스의 심리학자 라이너(Rhyner)의 소개로 최근 빠르게 일본에 퍼지게 되었다.

앞에서 말한 것처럼, 아베랄르멘은 베터에게 수학하여 베터의 방식을 기초에 두고 있는데, 아베랄르멘의 해석 방법은 베터의 방식을 더욱 독자적으로 발전시킨 것이어서 방법에 약간의 차이가 있다. 여기서는 그것을 포함한 아베랄르멘의 여러 저서(Avé-Lamant, 1994,[18] 1994,[19] 1996[20]) 및 스기우라(杉浦), 스즈키(鈴木), 이리에(入江), 라이너(Rhyner)에 의해서 투사그림검사 연구회의 이름으로 기재된 해설[아베랄르멘(1994)[18] 책의 말미에 수록], 스기우라(杉浦,

2002[21]), 그리고 2000년에 개최된 뮌헨에서의 세미나에서 아베랄르멘으로부터 직접 배운 내용을 참고하여 다음에 설명한다.

아베랄르멘의 실시 방법은 기본적으로 개별적으로 실시하는 것을 원칙으로 한다. 검사를 설명할 때 이것은 그림의 능숙함을 보기 위한 것이 아님을 분명히 설명한다. 지시는 "여기 8개의 칸 전부에 무언가를 그려 주세요."라고 간단하게 지시한다. '자극도형을 사용하는가?' 등과 같이 자주 하는 질문에는 "자유롭게 그려 주세요."라고 대답한다. 나무그림검사에서 '열매'를 지시에 포함시키지 않는 것과 같은 이유로, 발테그그림검사에서도 자극도형을 이용하는가 아닌가를 시사하지 않도록 지시한다. 내담자가 자극도형을 사용하는지 혹은 사용하지 않는지도 해석의 대상이 되기 때문이다. 따라서 지시는 앞에서 말한 것과 같이 간단하게 하며, 자극도형을 사용할지 어떨지 질문을 받은 경우에도 "사용해도 좋습니다." 등과 같이 내비추는 듯한 대답은 하지 않도록 한다.

또한 명백히 용지의 방향을 잘못 알고 있는 경우를 제외하고, 원칙적으로 용지를 회전시켜 그림을 그려도 그대로 하도록 둔다. 순서는 기본적으로 1부터 8의 순서로 그리는 것이지만, 그리기 어려워하는 경우가 있으면 일단 뒤로 미뤄 둬도 괜찮다. 그런 경우에는 그림의 순서, 적어도 마지막으로 그린 칸의 번호는 기록해 두는 것이 좋다. 그림을 끝냈다고 내담자가 의사표시를 하면 각각의 칸 안에 무엇을 그렸는지, 그 주제 또는 제목을 묻는다. 발테그그림검사의 실시는 임상장면에서 1대 1의 대면형이 원칙이다. 어쩔 수 없이 숙제법이나 집단시행법을 사용하는 경우에는 마지막으로 그린 칸의 번호를 매겨서 각 칸의 번호 옆에 주제 또는 제목을 쓸 수 있도록 지시한다. 시행 후의 대화에 대해서는 별-파도그림검사 제2장을 참고하길 바란다.

3. 발테그의 해석 5단계

앞에서 제시한 바와 같이, 발테그그림검사를 해석함에 있어 다음의 아베랄르멘의 5단계 해석을 근거로 설명한다. 아베랄르멘의 해석 방법은 검사 결과를 수량화하지 않는다. 그림을 양적으로 보지 않고 질적으로 받아들이는 것을 중심으로 한다. 양적인 점수화 해석 방법과 질적인 해석 방법과의 차이를 신뢰성이 높고 낮은 시점으로 비교하는 것은 건설적이지 않다. 심리학의 양적 연구법과 질적 연구법의 토대가 된 철학과 패러다임의 차이가 나누어져 있는 것과 마찬가지이다. 둘 다 눈에 보이지 않는 마음을 학문의 대상으로 한다는 점과 연결되어 있으며, 시작과 목표는 마찬가지라는 점을 명심해야 한다. 이 점에 관해서는 다음에 설명하기로 하고 아베랄르멘의 방법은 질적인 접근이기 때문에 평점(분류)과 해석이 동시에 진행된다는 사실을 먼저 언급해 둔다. 이 방법에 의해 그림을 보고 그린 사람을 생각하게 되고 그림을 보고 생각하는 것처럼, 자연스럽게 인간적인 흐름 속에서 그림을 해석하는 것이 가능하게 된다. 이 동시진행은 다음의 5단계가 있다. 이 5단계를 표로 요약하여 제시한 것은 p. 132에 있다.

1) 제1단계: 자극도형이 포함되어 있는가

처음에 8개의 칸 각각에 주어진 자극도형이 그림에 포함되어 있는가를 확인한다. 여기서는 내담자가 외적인 자극에 대응하는 양식, 즉 대인관계, 인지·사고의 패턴이 나타난다. 대부분의 경우, 자극도형을 보고 그것에 반응하여 그림 안에 그것을 포함하는 것이 보통이다. 자극도형을 그림에 포함하는 것은 현실 인지가 기능하고 있는 것을 나타낸다. 반대로 자극도형을 포함시키지 않은 경우에는 자신의 내적인 현실이 외부세계의 현실보다 중요하여 종종 고립된 정신상태임을 의미한다. 이것은 외부세계의 현실로부터 독립할 정도의 심각한 심리적 문제를 가지고 있는 사람이거나 환경의 변화에서 외부세계에 아직 충분히 적응하지 못한 사람에게서 나타나는 경우가 많다. 혹은 매우 강한 개성, 독창적인 표현을 하고 싶은 욕구로 인해 굳이 자극도형을 무시한 그림을 그리는 경우도 있다. [그림 3-2]는 그 독창적인 표현으로 첫 번째 칸의 자극도형을 포함하지 않은 예이다.

2) 제2단계: 자극도형의 성질에 맞게 그려져 있는가

자극도형은 곡선(1, 2, 7, 8)과 직선(3, 4, 5, 6)으로 나뉘어져 있다([그림 3-3] 참조). 이 단계에서는 그림이 이러한 성질에 맞게 그려져 있는지 아닌지, 즉 제1, 2, 7, 8의 칸에는 곡선을 주체로 한 그림이, 남은 4개의 칸에는 직선을 주체로 한 그림이 그려져 있는지를 확인한다.

이 세상에 존재하는 직선을 가진 것은 거의 인간의 손에 의한 것, 즉 인공물이다. 완전한 직선이 자연의 힘으로 만들어지는 경우는 거의 없다. 반면, 자연의 힘으로 생긴 것은 거의 곡선적이다. 따라서 제1, 2, 7, 8의 칸에는 생명적인 것, 유기적인 것을 그리는 경우가 많고, 제3, 4, 5, 6의 칸에는 인공적인 것, 무기적인 사물을 그리는 경우가 많다. 이 기준을 근거로 각 칸의 그림을 확인한다. 각각의 칸에 상응하는 그림이라면 외적인 자극에 민감한 것이고, 곡선과 직선을 무시한 상응하지 않는 그림이라면 주관적이고 자기주장이 강한 성격이라고 생각할 수 있다. 자극도형의 성질에 맞게 그려진 예([그림 3-4]~[그림 3-11] 참조) 및 상응하지 않는 예([그림 3-12]~[그림 3-19] 참조)를 참고하기 바란다.

그림 3-2   자극도형을 포함하지 않은 그림(첫 번째 칸)

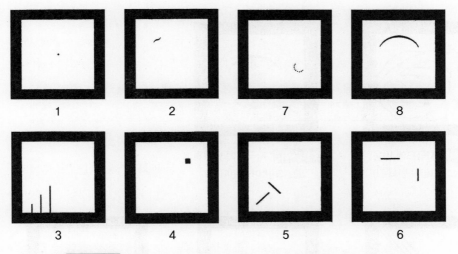

그림 3-3   곡선 자극도형(제1, 2, 7, 8칸)과 직선 자극도형(제3, 4, 5, 6칸)

그림 3-4   자극도에 반응하고 있는 그림(첫 번째 칸)

그림 3-5   자극도에 반응하고 있는 그림(두 번째 칸)

그림 3-6   자극도에 반응하고 있는 그림(세 번째 칸)

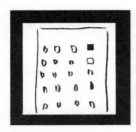

그림 3-7 자극도에 반응하고
있는 그림(네 번째 칸)

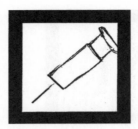

그림 3-8 자극도에 반응하고
있는 그림(다섯 번째 칸)

그림 3-9 자극도에 반응하고
있는 그림(여섯 번째 칸)

그림 3-10 자극도에 반응하고
있는 그림(일곱 번째 칸)

그림 3-11 자극도에 반응하고
있는 그림(여덟 번째 칸)

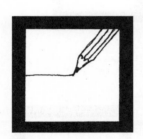

그림 3-12 자극도에 반응하지
않는 그림(첫 번째 칸)

그림 3-13 자극도에 반응하지
않는 그림(두 번째 칸)

그림 3-14 자극도에 반응하지
않는 그림(세 번째 칸)

그림 3-15 자극도에 반응하지 않는 그림(네 번째 칸)

그림 3-16 자극도에 반응하지 않는 그림(다섯 번째 칸)

그림 3-17 자극도에 반응하지 않는 그림(여섯 번째 칸)

그림 3-18 자극도에 반응하지 않는 그림(일곱 번째 칸)

그림 3-19 자극도에 반응하지 않는 그림(여덟 번째 칸)

3) 제3단계: 각 칸의 주제에 반응하고 있는가

자극도형은 각각 특정의 주제를 가지고 있다. '첫 번째 칸: 자아의 경험' '두 번째 칸: 감정' '세 번째 칸: 달성' '네 번째 칸: 문제' '다섯 번째 칸: 긴장·능력' '여섯 번째 칸: 통합' '일곱 번째 칸: 감수성' '여덟 번째 칸: 안정감'이다. 아베 랄르멘은 8개의 주제를 관련된 2개씩 묶어 4개의 그룹으로 나누어 해석했다. 즉, '1과 8: 자아의 경험과 안정감' '2와 7: 감정과 감수성' '3과 5: 달성과 긴장·능력' '4와 6: 문제와 통합'이다([그림 3-20] 참조).

'1과 8: 자아의 경험과 안정감'에 있어서는 '점'이라는 최소한의 자극도형이기 때문에 무엇이든지 그릴 수 있고, 중심이라는 공간적 위치에서도 자기가 투영되기 쉬운 첫 번째 칸에서 무엇을 그렸는지를 본다. 그리고 여덟 번째 칸

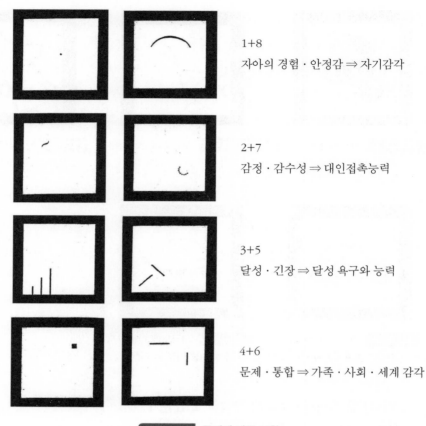

1+8
자아의 경험 · 안정감 ⇒ 자기감각

2+7
감정 · 감수성 ⇒ 대인접촉능력

3+5
달성 · 긴장 ⇒ 달성 욕구와 능력

4+6
문제 · 통합 ⇒ 가족 · 사회 · 세계 감각

그림 3-20 주제에 따른 조합

에서는 크게 싸여 있는 듯한 손톱 모양의 자극도형으로부터 그 싸여 있는 성
질이 어떻게 그림에 활용되었는지, 활용되지 않았는지를 보는 것으로 내담자
의 안정감을 본다.

이 조합을 통해 내담자가 어떠한 '자기감각'을 가지고 있는가를 읽어 낸다.
여덟 번째 칸에서는 상하가 회전된 그림이 가끔씩 보이는데, 이 칸에 한정하
여 검사 용지를 돌려서 방향을 다르게 한 그림은 내담자가 방향성을 잃어버
렸다는 것을 나타내고 있다고 볼 수 있다.

'2와 7: 감정과 감수성'은 두 번째 칸의 그림에서 내담자의 감정표현, 즉 감

정을 밖으로 어떻게 꺼내 보이고 있는가 하는 대외적인 감정을 본다. 일곱 번째 칸에서는 9개의 작은 점이 반원의 손톱 모양으로 섬세하게 늘어져 있는 자극도형에 대해서 이 섬세함을 어떻게 처리하고 있는지를 본다. 즉, 점의 배열을 활용한 그림(섬세함과 상처받기 쉬운 것을 나타낸다)을 그렸는지, 아니면 점들을 이어 점들을 칠해 버린 것처럼 섬세함을 지우는 방향의 그림인지를 검토한다. 그러한 관점에서 외부의 자극을 받아들일 때 내담자의 내면의 감정표현, 즉 자신에 대한 감정이라는 의미로서의 감수성을 본다. 이 조합에서 내담자가 어떠한 '대인접촉능력'을 가지고 있는가를 읽어 낸다.

'3과 5: 달성과 긴장·능력'은 세 번째 칸의 오른쪽 상단으로 늘어나는 방향을 시사하는 3개의 직선 자극도형에 대해서, 이 늘어나는 방향을 활용하고 있는가에 대한 관점으로 내담자의 달성 욕구와 능력을 본다. 봉을 추가하는 등 오른쪽 상단으로 늘어나는 방향을 살리고 있다면 욕구가 높음을 나타내며, 오른쪽 아래로 내려간다면 욕구가 약함을, 능력에 대해서 자신이 없음을 나타낸다. 다섯 번째 칸은 왼쪽 하단에 직선이 있고 오른쪽 위에 직선을 가로막고 있음을 볼 수 있는데, 이는 앞에 부딪혀서 갈등을 일으키는 긴장상태에 있는 자극도형을 어떻게 처리하고 있는가로 내담자의 긴장상태에 대응하는 에너지를 본다. 여기에 에너지가 높은 것 혹은 통합의 질이 높음을 그린다고 한다면 달성의 세 번째 칸은 오른쪽 위로 늘어나는 그림일 것이다. 반대로 오른쪽 아래로 내려가고 있는 경우는 다섯 번째 칸에서는 에너지가 낮은 것 혹은 통합의 질이 낮은 것이 그려져 있을 것이다. 즉, 다섯 번째 칸은 세 번째 칸의 달성의 능력을 시사한다. 이 조합에서 내담자가 어떠한 '달성 욕구와 능력'을 갖고 있는지를 읽어 낸다.

'4와 6: 문제와 통합'은 오른쪽 위에 검게 칠해진 중량감이 있는 정사각형이 배치되어 있는 네 번째 칸에서 내담자가 현재 무게를 두는 것, 즉 문제가 투영되어 있는가를 본다. 여섯 번째 칸의 자극도형은 늘리면 맞닿는 형태를 만들 수 있음을 시사한다. 이것은 언뜻 보기에는 관계가 없는 가로선과 세로선을 관련짓는 그림을 그리는 것에서 통합이라는 주제의 그림이 될 수 있음을 추측할 수 있다. 이 조합에서 내담자가 자신의 문제를 어떻게 체험하고 있는지, 넓게 본다면 어떠한 '가족·사회·세계 감각'을 갖고 있는지 읽어 낸다.

다음에는 조합에 따른 해석의 예를 제시하고 있다.

[그림 3-21] 참조(35세/남성)

암모나이트라고 하는 고생대를 느끼게 하는 느긋하고 잘 세워져 있는 자아와 거북이라는 역시 느긋한 안정감을 볼 수 있다. 암모나이트의 껍데기, 거북의 등딱지 모두 몸을 보호하는 견고한 갑옷이 있어 외부세계로부터 영향 받지 않는 강하고 느긋한 자기감각을 나타낸다.

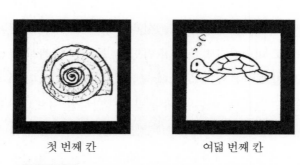

첫 번째 칸   여덟 번째 칸

그림 3-21   첫 번째 칸과 여덟 번째 칸을 조합한 해석의 예

[그림 3-22] 참조(49세/여성)

희미한 미소는 내담자의 유한 감정표현 스타일을 나타내고, 미소를 머금으며 자고 있는 여성은 자극도형의 여린 특성을 살린 그림으로, 확실하게 섬세한 감수성을 나타내고 있음을 볼 수 있다. 자기주장을 펼치기보다는 타인을 받아들이는 유연한 대인접촉능력을 나타낸다.

두 번째 칸   일곱 번째 칸

그림 3-22 두 번째 칸과 일곱 번째 칸을 조합한 해석의 예

[그림 3-23] 참조(59세/여성)

　세 개의 세로선 옆으로 같은 패턴의 긴 선을 2개 추가하여 그린 나무 그림은 이루고 싶은 달성 동기가 높음을 나타낸다. 대립하는 2개의 직선을 컵 모양과 소프트 아이스크림으로 구성한 그림은 긴장상태에서 갈등을 일으키지 않는 내담자의 달성 욕구와 능력이 조화하고 있는 것으로 볼 수 있다.

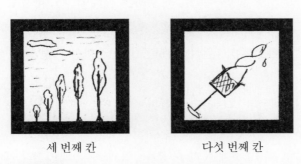

세 번째 칸   다섯 번째 칸

그림 3-23 세 번째 칸과 다섯 번째 칸을 조합한 해석의 예

[그림 3-24] 참조(54세/여성)

　불이 꺼져 있는 빌딩의 창문은 집단사회에서 대인관계에 문제가 있음을 암시한다. 2개의 직선을 깔끔하게 연결하여 그린 국기에서는 내담자가 다른 성질의 사물을 통합하는 능력을 가지고 있다는 것을 알 수 있다. 내담자의 가

족 · 사회 · 세계 감각이 집단으로 눈이 향해 있고, 그중에서도 일본을 향한 존경심이 있는 것을 볼 수 있다.

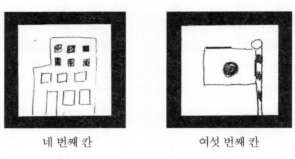

네 번째 칸   여섯 번째 칸

그림 3-24 네 번째 칸과 여섯 번째 칸을 조합한 해석의 예

4) 제4단계: 그림의 분류

제2장에서 설명했던 별-파도그림검사의 해석에서도 사용된 이 단계에서는 각 칸의 그림을 내용에 따라서 ① 요점만 있는 패턴, ② 회화적인 패턴, ③ 감정이 담긴 패턴, ④ 형식적인 패턴, ⑤ 상징적인 패턴 등 다섯 가지로 분류한다.

요점만 있는 패턴은 그리려고 생각한 것의 최소한의 요소만을 그린 그림으로, 이성이 강함을 나타낸다([그림 3-25]~[그림 3-32] 참조).

회화적인 패턴은 요점에 어떠한 첨가물을 더해서 그리거나 생생한 회화작품의 인상을 주는 것이다. 내담자가 자신의 경험을 타인과 공유하려는 생각이 나타나 있다. 인물이 그려져 있는 경우, 기본적으로 ②~⑤의 네 가지 패턴 중 어딘가에 들어간다([그림 3-33]~[그림 3-40] 참조).

그림 3-25 요점만 있는
패턴(첫 번째 칸)

그림 3-26 요점만 있는
패턴(두 번째 칸)

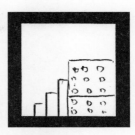

그림 3-27 요점만 있는
패턴(세 번째 칸)

그림 3-28 요점만 있는
패턴(네 번째 칸)

그림 3-29 요점만 있는
패턴(다섯 번째 칸)

그림 3-30 요점만 있는
패턴(여섯 번째 칸)

그림 3-31 요점만 있는
패턴(일곱 번째 칸)

그림 3-32 요점만 있는
패턴(여덟 번째 칸)

그림 3-33 회화적인
패턴(첫 번째 칸)

그림 3-34 회화적인
패턴(두 번째 칸)

그림 3-35 회화적인
패턴(세 번째 칸)

그림 3-36 회화적인
패턴(네 번째 칸)

그림 3-37 회화적인
패턴(다섯 번째 칸)

그림 3-38 회화적인
패턴(여섯 번째 칸)

그림 3-39 회화적인
패턴(일곱 번째 칸)

그림 3-40 회화적인
패턴(여덟 번째 칸)

감정이 담긴 패턴은 부드러운 필적, 확실한 필적 등을 주로 사용하여 정서
적인 그림을 그린 것이다. 내담자가 감각수용적이고 사실이나 객관성보다도
정서적으로 사물을 취하는 것을 나타낸다([그림 3-41]~[그림 3-48] 참조).

그림 3-41 감정이 담긴
패턴(첫 번째 칸)

그림 3-42 감정이 담긴
패턴(두 번째 칸)

그림 3-43 감정이 담긴
패턴(세 번째 칸)

그림 3-44 감정이 담긴
패턴(네 번째 칸)

그림 3-45 감정이 담긴
패턴(다섯 번째 칸)

그림 3-46 감정이 담긴
패턴(여섯 번째 칸)

그림 3-47 감정이 담긴
패턴(일곱 번째 칸)

그림 3-48 감정이 담긴
패턴(여덟 번째 칸)

형식적인 패턴은 일러스트 풍, 도형적인 그림이며, 자신을 감추는 경향 혹은 자신을 꾸며서 주장하는 경향을 나타낸다([그림 3-49]~[그림 3-56] 참조).

그림 3-49 형식적인 패턴(첫 번째 칸)

그림 3-50 형식적인 패턴(두 번째 칸)

그림 3-51 형식적인 패턴(세 번째 칸)

그림 3-52 형식적인 패턴(네 번째 칸)

그림 3-53 형식적인 패턴(다섯 번째 칸)

그림 3-54 형식적인 패턴(여섯 번째 칸)

그림 3-55 형식적인 패턴(일곱 번째 칸)

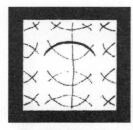

그림 3-56 형식적인 패턴(여덟 번째 칸)

　　상징적인 패턴의 분류는 난해하지만, 그림에 무언가의 상징이 포함되어 있
는 경우에 이 분류에 속한다. 이 상징 해석은 내담자의 심리검증과 그대로 연
결된다([그림 3-57]~[그림 3-64] 참조).

그림 3-57　상징적인
패턴(첫 번째 칸)

그림 3-58　상징적인
패턴(두 번째 칸)

그림 3-59　상징적인
패턴(세 번째 칸)

그림 3-60　상징적인
패턴(네 번째 칸)

그림 3-61　상징적인
패턴(다섯 번째 칸)

그림 3-62　상징적인
패턴(여섯 번째 칸)

그림 3-63　상징적인
패턴(일곱 번째 칸)

그림 3-64　상징적인
패턴(여덟 번째 칸)

아베랄르멘은 발테그그림검사에서는 '감정이 담긴 패턴'을 '회화적인 패턴' 에 포함시켰지만, 필자는 별-파도그림검사와 같이 독립된 분류로 봐야한다 고 주장한다.

5) 제5단계: 필적 분석

필적 분석은 별-파도그림검사에 준하기 때문에 생략한다. 또한 그림의 공 간이 좁기 때문에 발테그그림검사는 일반적으로 별-파도그림검사나 나무그 림검사와 비교해서 필적의 다양성이 나오기 힘들다. 그렇다고 해서 발테그 그림검사의 필적 분석을 가볍게 여기는 것은 아니며, 오히려 다양성이 풍부 한 사례의 의미를 종종 생각한다. 그런 경우에는 내담자의 높은 유연성, 높은 적응력과 강한 자기표현력을 찾아볼 수 있을 것이다. 다음에는 각 필적의 예 가 있다.

(1) 선 긋는 법
- 한 번에 긋는 필적([그림 3-65] 참조)과 출렁이는 필적([그림 3-66] 참조)
- 안정적인 필적([그림 3-67] 참조)과 불안정한 필적([그림 3-68] 참조)
- 연속된 필적([그림 3-69] 참조)과 단절되어 있는 필적([그림 3-70] 참조)

그림 3-65 한 번에 긋는
필적(네 번째 칸)

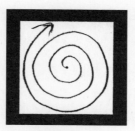

그림 3-66 출렁이는
필적(첫 번째 칸)

그림 3-67 안정적인
필적(여섯 번째 칸)

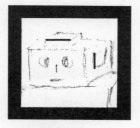

그림 3-68 불안정한
필적(여섯 번째 칸)

그림 3-69 연속된
필적(두 번째 칸)

그림 3-70 단절되어 있는
필적(여섯 번째 칸)

(2) 필적 타입

- 섬세한 필적([그림 3-71] 참조)
- 날카로운 필적([그림 3-72] 참조)
- 부드러운 필적([그림 3-73] 참조)
- 확실한 필적([그림 3-74] 참조)

그림 3-71 섬세한
필적(두 번째 칸)

그림 3-72 날카로운
필적(첫 번째 칸)

그림 3-73 부드러운
필적(첫 번째 칸)

그림 3-74 확실한
필적(세 번째 칸)

(3) 필적의 흐트러짐

- 얇은 필적([그림 3-75] 참조)
- 단단한 필적([그림 3-76] 참조)
- 무른 필적([그림 3-77] 참조)
- 난잡한 필적([그림 3-78] 참조)
- 검게 덧칠한 필적([그림 3-79] 참조)
- 산산조각 난 필적([그림 3-80] 참조)

그림 3-75 얇은 필적
(여덟 번째 칸)

그림 3-76 단단한 필적
(두 번째 칸)

그림 3-77 무른 필적
(세 번째 칸)

그림 3-78 난잡한 필적
(여덟 번째 칸)

그림 3-79 검게 덧칠한
필적(다섯 번째 칸)

그림 3-80 산산조각 난
필적(두 번째 칸)

(4) 평면 처리

- 그림자를 그림([그림 3-81] 참조)
- 선 그림자를 그림([그림 3-82] 참조)
- 윤곽을 그림([그림 3-83] 참조)
- 어둡게 그림([그림 3-84] 참조)
- 거칠게 그림([그림 3-85] 참조)

그림 3-81 그림자를 그림
(네 번째 칸)

그림 3-82 선 그림자를 그림
(네 번째 칸)

그림 3-83 윤곽을 그림
(여섯 번째 칸)

그림 3-84 어둡게 그림
(세 번째 칸)

그림 3-85 거칠게 그림
(첫 번째 칸)

(5) 기타

심리검사 전반적으로 해당되는 것이지만, 아베랄르멘도 발테그그림검사의 해석에서는 앞의 5단계에 덧붙여 내담자의 생활상황을 잘 이해하고, 발달사를 시작으로 여러 가지 정보를 비춰 보면서 해석을 진행하는 것을 강조했다. 인생이라고 하는 맥락에서 생각하는 것이 중요하다. 그 밖에 ① 마지막에 그린 것을 묻는다. 뒤로 미뤄 나중에 그린 그림은 그 사람에게 있어서 현재 다루기 어려운 저항심이 있는 주제인 경우가 많다. ② 어떤 그림인지를 묻고, 내담자가 직접 의미를 설명하는 것이 중요하다. ③ 좋아하는 그림, 싫어하는 그림을 묻는다. 내담자에게 평가나 그 밖의 연상 등도 묻는다.

4. 종합적 해석

다음에서는 발테그그림검사의 종합적인 해석을 두 가지 예로 들고 있는데, 사생활 보호 문제로 그림을 그린 사람의 배경은 성별과 연령만 제시하고 다른 부분은 생략하였다.

1) 내담자A의 '발테그그림검사' 해석([그림 3-86] 참조)

제1단계: 자극도형이 포함되어 있는가

첫 번째 칸에서 여덟 번째 칸까지 모든 칸에서 자극도형을 포함시킨 그림인지 본다. 이처럼 그림을 그리는 사람은 현실인지의 기능이 잘 이루어지고 있다.

제2단계: 자극도형의 성질에 맞게 그려져 있는가

첫 번째 칸에서 여덟 번째 칸까지 모든 칸에서 선의 성질에 반응하는지 본다. 곡선의 칸(1, 2, 7, 8)에는 유기물을, 직선의 칸(3, 4, 5, 6)에는 무기물을 그렸다. 두 번째 칸에 그린 촛불은 무기물이지만, 불은 유기적인 것이라고 여겨지므로 자극도형의 일부분을 불로 사용하고 있는 점으로 보아 이 칸에서도 선의 성질에 반응한다고 말할 수 있다. 이처럼 그림을 그리는 사람은 외부의 자극에 민감한 성격으로, 자기주장이 강한 것으로 볼 수 있다.

제3단계: 각 칸의 주제에 반응하고 있는가

'1과 8: 자아의 경험과 안정감'에 대해서 첫 번째 칸의 달팽이는 그린 사람의 느리고 느긋한 자기 이미지가 반영되어 있다. 왼쪽 상단을 향한 움직임으로 보아 모성에서 부성으로의 움직임을 보이며, 또는 초월함의 주제를 가지고 있다고 해석할 수 있다. 여덟 번째 칸의 눈은 그린 사람에게 질문을 하자 자신이 아이들을 지켜보는 눈이라고 말하였다. 발테그그림검사에서는 첫 번째 칸과 여덟 번째 칸에 눈이 그려지기 쉬운데, 그런 경우는 누구의 어떠한 눈인가를 물어보는 것이 좋다.

이 두 칸의 그림을 통하여 느긋하게 아이들을 지켜보고 싶은 마음, 더 깊이 해석을 한다면 현실에서는 그림을 그린 사람의 아이들은 각각의 문제를 가지고 있으므로 지켜 주어야 하는 입장에서 조금씩 도피하고 싶은 바람이 표현되고 있다고 할 수 있다.

'2와 7: 감정과 감수성'에 대해서는 감정의 칸에 불씨를 그려 넣었는데, 활활 타오르는 불씨가 아니라 불씨가 살아 있는지 아닌지도 의아한 얇고 흔들리는 불씨이다. 일곱 번째 칸은 꽃에서 나비가 날아가는 궤적의 표현에 자극도형을 사용했고, 섬세함을 충분히 살린 그림이다.

이 두 칸의 그림을 통하여 그림을 그린 사람은 감정표현을 억압하는 섬세한 성격인 것으로 보인다. 또한 첫 번째 칸과 동일하게 왼쪽 상단을 향하고 있는 것으로 보아 역시 엄마 역할에서의 도피를 원함을 시사한다.

'3과 5: 달성과 긴장·능력'에 대해서는 세 번째 칸의 굴뚝과 연기는 자극도형의 오른쪽 상단으로 길어지는 방향성을 원근법을 사용하여 자연스럽게 그림에 활용하였다. 연기는 위로 향하면서도 오른쪽으로 길게 뻗쳐 있어 완만한 상승지향을 표현하였다. 다섯 번째 칸의 망치와 못은 긴장상태의 처리를 할 때 공격적인 방법을 가지고 있음을 읽을 수 있다. 이 두 칸의 그림을 통하여 그린 사람이 적당한 달성 능력을 갖고 있지만 다소 공격적인 성격이라고 해석할 수 있다.

'4와 6: 문제와 통합'에 대해서는 문제가 투영되는 네 번째 칸에 술이 그려져 있어 신경이 쓰인다. 음주에 관련된 문제를 본인 또는 가족이 가지고 있는 것인지 물었지만, 딱히 그렇지 않다고 하였다. 이 칸은 자세히 보면, 집을 그리려고 하다가 지우개로 지우고는 술을 그려 넣었다. 가정의 문제를 숨기고 싶어 한다고도 해석할 수 있다. 여섯 번째 칸의 자동차는 다른 두 개의 선을 잘 통합하고 있다. 두 칸의 그림을 통하여 그린 사람의 빈틈없음을 알 수 있지만, 문제에 대해서는 신경이 쓰이는 부분이다.

제4단계: 그림의 분류

첫 번째 칸=회화적, 두 번째 칸=요점만 있는 패턴과 회화적인 패턴의 중간, 세 번째 칸=회화적, 네 번째 칸=요점만 있는 패턴, 다섯 번째 칸=회화적, 여섯 번째 칸=요점만 있는 패턴, 일곱 번째 칸=회화적인 것과 상징적, 여덟 번째 칸=회화적인 패턴으로 사료된다. 설명을 보충하자면, 두 번째 칸은 양초만 있는데 사전의 삽화와 같이 심플한 그림이지만, 불씨의 흔들림이 표현되어 있는 것이 회화적인 요소를 가지고 있다고 판단하였다. 일곱 번째 칸은 회화적인 그림이지만 꽃에서 나비가 날아가는 것에서 그림을 그린 사람의 심층심리를 상징한다고 판단하였다. 전제적으로 볼 때, 이 그림을 그린 사람은 적당하게 이성적이면서 경험을 타인과 공유하고 싶어 하는 성격이다.

제5단계: 필적 분석

　거의 모든 그림이 날카로운 선, 확실한 선으로 그려져 있고, 일부(세 번째 칸의 연기)에서 부드러운 선이 보인다. 선을 긋는 법도 안정적이고, 필적에서는 큰 문제가 보이지 않는다.

*

　이 사람은 주위에 대한 적응능력이 높고 자기를 잘 억제하여 조화를 이루는 성격이지만, 내면에는 가정의 문제를 가지고 있으며 그것으로부터 도망치고 싶은 생각을 갖고 있다. 그러나 그러한 생각을 있는 그대로 표현하는 것에는 저항적인 것으로 보이기 때문에 본인의 어려움을 이해하여 조금씩 표현을 지지해 주는 응원자가 필요할 것이다.

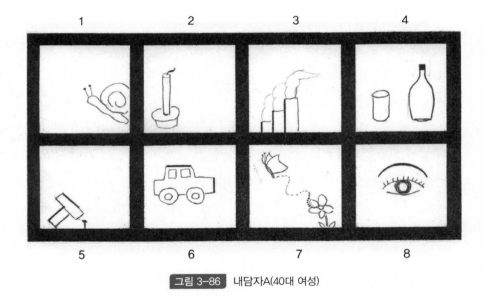

그림 3-86 　내담자A(40대 여성)

2) 내담자B의 '발테그그림검사' 해석([그림 3-87] 참조)

제1단계: 자극도형이 포함되어 있는가

첫 번째 칸에서 여덟 번째 칸까지 모든 칸에서 자극도형을 포함한 것을 볼 수 있다. 이 그림을 그린 사람의 현실 인지는 기능하고 있다. 그러나 용지를 회전시키지 않으면 자극도형을 포함시키지 못한 칸이 3개나 있어 그림을 그린 사람의 주관성이 비교적 강한 것으로 보인다.

제2단계: 자극도형의 성질에 맞게 그렸는가

직선의 칸(3, 4, 5, 6)에는 전부 무기물을 그렸고, 선의 성질에 반응하고 있다. 곡선의 칸(1, 2, 7, 8)을 보면 일곱 번째 칸과 여덟 번째 칸에 유기물이 그려져 있고, 선의 성질에 반응하고 있음을 볼 수 있다. 첫 번째 칸은 선의 성질에 반응하지 않는다. 두 번째 칸의 선풍기는 무기물이지만, 바람이라는 자연물의 표현에 자극도형을 사용하고 있어 선의 성질에 기초해 반응한 것이라고 말할 수 있다. 이 그림을 그린 사람은 약간의 자기주장이 강한 모습이 표현되어 있다.

제3단계: 각 칸의 주제에 반응하고 있는가

'1과 8: 자아의 경험과 안정감'에 대해서 그림의 내용은 일반적이지만, 두 개의 칸 모두 상하가 뒤집어져 있다. 첫 번째 칸의 시계는 뒤집지 않더라도 그릴 수 있는 그림인데, 굳이 용지를 회전시켜서 그렸다는 점에서 그림을 그린 사람의 안정감이 낮고 강한 주관성이 엿보인다.

'2와 7: 감정과 감수성'에 대해서 두 번째 칸의 선풍기는 자극도형을 바람의 표현으로 사용하고 있고, 부드러운 감정표현이 드러나 있다. 일곱 번째 칸의 벌레도 자극도형의 섬세함을 살려서 그린 것으로 보아 그림을 그린 사람이 감수성이 높음을 알 수 있다. 더욱 깊게 해석하자면, 작은 벌레를 일곱 번째 칸에 그린 것으로 보아 그림을 그린 사람이 쉽게 상처를 받는 타입이라는 것이 전해진다. 대체로 온화하고 순진한 성격으로 보인다.

　'3과 5: 달성과 긴장·능력'에 대해서 세 번째 칸의 그래프는 오른쪽 상단으로 길어져 가는 방향성을 충분히 표현하였다. 또한 다섯 번째의 타케톰보(대나무 잠자리 장난감)는 2개의 부딪히는 선을 최소한으로 보완하여 깔끔하게 하나의 사물로 완성하였다. 이는 더욱이 하늘을 높이 나는 물건이기도 하다. 이를 보아 그림을 그린 사람은 달성 욕구와 능력이 잠재적으로 높은 사람으로 보인다.

　'4와 6: 문제와 통합'에 대해서 네 번째 칸에는 처음에는 괴물을 그려 넣으려고 했지만, 2개의 집으로 마무리했다. 어찌되었든 용지를 회전시켜서 그렸다. 그림을 그린 사람이 안고 있는 문제가 매우 크고 그것을 숨기고 싶어 하는 것이 있는 것으로 보인다. 여섯 번째 칸의 미로는 2개의 선을 1개로 잘 이어 놓았지만, 입구가 없는 미로는 그림을 그린 사람이 '출구가 보이지 않음'을 표현하고 있다고 볼 수 있다. 세상에 대한 감각은 매우 고통스러운 것으로 보인다.

제4단계: 그림의 분류

　첫 번째 칸=요점만 있는 패턴, 두 번째 칸=회화적, 세 번째 칸=요점만 있는 패턴, 네 번째 칸=요점만 있는 패턴과 회화적의 중간, 다섯 번째 칸 =요점만 있는 패턴, 여섯 번째 칸=요점만 있는 패턴, 일곱 번째 칸=회화적, 여덟 번째 칸=회화적인 패턴으로 사료된다. 그림을 그린 사람은 이성적인 측면이 다소 강하고, 경험을 공유하는 것에 자신이 없다고 할 수 있다.

제5단계: 필적 분석

　거의 모든 그림이 확실한 선으로 그려져 있다. 이 그림을 그린 사람은 에너지가 넘치며 자발적인 성격임을 알 수 있다.

*

이 아이는 에너지가 넘치는 행동을 하는 반면, 내면에는 불안이나 고통을 안고 있어 행동과 마음에 간격이 있다. 학교에서는 이 아이의 불안감에 대해서 파악하지 못했을 가능성이 있다. 섬세함과 달성 욕구의 균형을 충분히 배려하면서 아이의 특기 분야 활동을 적극적으로 지원해 주는 것이 이 아이의 안정감으로 이어질 것이다.

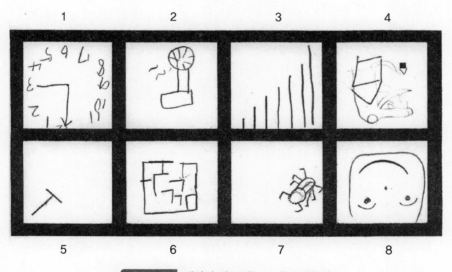

그림 3-87　내담자 B(초등학교 고학년 남학생)

〈표 3-1〉 발테그그림검사의 해석 5단계

1. 자극도형이 포함되어 있는가	자극도형을 사용하여 그린다.	현실 인지가 기능하고 있고, 외부세계를 향한 감수성이 있음을 나타낸다.	
	자극도형을 사용하지 않고 그린다.	내적 현실이 외적 현실보다 소중하고, 외부세계로부터 고립되어 있을 가능성이 있다. 주관성이 강한 것을 시사한다.	
2. 자극도형의 성질에 맞게 그렸는가	곡선적 · 직선적인 자극도형에 반응하여 그린다.	외적인 자극의 질에 민감	곡선의 자극도형(1, 2, 7, 8)에 반응 =생물적인 것을 그림. 현실에 의거한 착상을 하고 있다.
			직선의 자극도형(3, 4, 5, 6)에 반응 =구체적인 사물을 그림. 객관적으로 대상화시킨 착상을 하고 있다.
	자극도형의 성질을 무시하고 그린다.	주관적이고 자기주장이 강하다.	

3. 각 칸의 주제에 반응하고 있는가	칸	주제		심적 기능/심적 영역
	1	자아	자기감각	중앙의 점을 사용하여 그리는 것으로, 다양한 그림이 될 수 있다.
	8	안정감		아치형의 자극도형을 보호하는 것 같은 그림으로 이어진다. 안정감이 투영된다.
	2	감정	대인접촉능력	운동에 대한 반응 방법이 나타난다. 감정상태, 감정표현이 투영된다.
	7	감수성		섬세함에 대한 반응 방법이 나타난다. 감수성, 민감성이 투영된다.
	3	달성	달성 욕구와 능력	상승을 받아들이는가 거부하고 있는가가 드러난다. 상승, 노력, 의욕이 투영된다.
	5	긴장		복잡하게 대비되는 두 개의 선에 대한 반응 방법에 따라서 갈등이나 긴장에 대한 태도, 역동성, 능력이 투영된다.
	4	문제	가족 · 사회 · 세계감각	진중함과 인내력을 느끼게 하는 검은 정사각형에 반응하는 것으로, 부담감, 무거움, 문제성, 곤란함이 투영된다.
	6	통합		뿔뿔이 흩어져 있으면서도 통합을 촉구하는 자극도형에 반응하는 것에 따라 통합능력, 완전성이 투영된다.

4. 그림의 분류	요점만 있는 패턴	사전에 나오는 삽화와 같이 물체가 그려져 있다.	이성적이고 솔직하지만, 내면을 표현하는 것에 관심이 없다. 동적인 것은 충동이 억제되어 있음을 나타내고, 정적인 것은 거리를 두고 냉정하게 보는 것을 나타낸다.
	회화적인 패턴	단순히 물체를 그리는 것이 아니라 1개의 생생한 회화작품으로서의 인상을 받는 것, 정경적(바람, 경치, 꽃)인 그림이나 형상적(동물, 아이, 얼굴, 장면)인 그림	감정적으로 풍부하며 내면의 표현에 관심이 깊다. 경험한 것을 타인과 공유하려는 것을 나타낸다. 인간관계를 맺는 것에도 적극적이다.
	감정이 담긴	회화적인 패턴의 정경적인 그림 중에 정서적인 요소가 우위인 것	감각수용적이며 사실이나 객관성보다 정서적으로 사물을 바라본다.
	형식적인 패턴	형식적이고 장식적으로 그려져 있다.	방어적 또는 자기과시적이다. 미학적(장식적)인 그림은 감정이 움직이고 있고, 추상적(기하학적)인 그림은 이성이 움직이고 있다.
	상징적인 패턴	상징 표현이나 비유표현(예)을 사용하여 그려져 있다.	의식과 무의식의 경계에 대한 현상의 표현이다. 심적 갈등을 내재하고 있지만 그것을 명확하게 의식하고 있지는 않다. 구상적으로 그려져 있으면서 심오한 의미를 가지고 있으므로 심층심리학적으로 해석해 가는 것이 필요하다.
5. 필적 분석	제1의 시점: 터치	별-파도그림검사 참조	
	제2의 시점: 윤곽과 음영	윤곽으로 그려진 그림은 직선적이며, 의식이 움직이고 있다. 음영이 중시된 그림은 회화적이며 근저의 생명력이 나타나 있다.	

※ 그 밖에 내담자의 그림에 대한 태도와 상황에 대응하여 마지막으로 그린 것에 주목하고(1~8의 순서대로 그리지 않은 경우, 저항의 표현일 수 있다), 무슨 그림을 그렸는지 듣고 내담자의 의미 부여를 중요하게 생각한다. 마지막으로 좋아하는 그림, 싫어하는 그림 등 내담자에 의한 평가와 연상을 듣는다.

제4장

나무그림검사(BT)

1. 나무그림검사의 개요

1) 역사

스위스의 칼 코흐(Karl Koch, 1906~1958)는 1949년에 나무그림검사(독일어: Baum Test, 영어: Tree Test)의 저서를 발행하였는데, 이것은 에밀 유커(Emil Jucker)의 주장을 계승한 것이었다. 유커는 1928년부터 나무그림검사를 취업상담에 사용하였으며, 나무그림검사가 취업상담에 도움이 된다는 사실을 보고해 왔다. 유커의 나무그림검사가 투사그림검사의 시초라고 말할 수 있다.

코흐는 아동의 그림, 청년기 후기에 대한 소견을 나타냈다. 그것을 성인에게도 적용시켰다. 미국의 볼랜더(Bolander)의 방법은 1940년대 후반에 헝가리의 아벨(Abel) 신부로부터 전수받은 것으로, 주로 건강한 성인에게 실시한 것의 집대성이다. 『수목화를 통한 인성의 이해(Assessing Personality Through Tree Drawing)』(1977)[1]에서 볼랜더는 "벅(Buck)이나 코흐의 매뉴얼에 따른 해석을 전형적인 우리 내담자들에게 적용하는 것은 부적절하다(혹은 두드러지게 잘못되었다)는 것을 나타내고 싶다."라고 말하였다.

아베랄르멘은 처음에는 사춘기 청소년을 대상으로 한 교육상담, 생활상담에 대한 소견을 나타냈다. 이후에 성인이나 범죄자 등에게도 접근했다. 벅(Buck, 1966)[2]은 정신지체, 기질적이 아닌 기능적 병리를 가진 입원환자에 대한 연구를 진행했다.

카스티야(Castilla, 2002)[3]는 3교법을 정신과 환자에게 시행했다. 3교법의 방법은 다음과 같다.① 나무 그림을 그린다, ② 또 한 번 나무를 그린다. 같은 나무여도 다른 나무여도 좋다, ③ 꿈의 나무를 그린다. 매우 아름다운 나무, 정원에 심고 싶은 나무, 기억에 남는 나무, 상상의 나무 등이 될 수 있다. 첫 번째는 사회적·직업적 자기를 표현하는 것으로 전해지고 있다. 두 번째는 내적 자기상, 본래의 자신을 표현한 것이다. 세 번째는 원함, 욕구, 욕망이나 이상의 자신을 표현한 것이다. 3교법은 카스티야로부터 나온 것은 아니고 스토라(Stora, 1963)[4]의 4교법 중에서 세 번째까지를 적용한 것이다. 스토라의 마지막 1장은 눈을 감고 그림을 그리는 것이다. 이는 과거의 경험이나 현실의 심리상황과 관계된 사항이 표현된다. 스토라는 코흐의 나무그림검사를 열정을 다해 연구한 사람으로 잘 알려져 있다.

코흐, 볼랜더, 벅, 아베랄르멘, 카스티야, 스토라 등의 나무그림검사에 대해 서술하였지만, 나무에 대한 여러 가지 소견은 대상자에 따라서 그 기준이 달라진다. 필자는 나무그림검사의 실시자는 대상자가 어떤 연령인지, 어떠한 증상인지, 어떤 병리상태인지를 판단하고, 거기에 어울리는 해석기준을 사용해야 하는 것을 원칙으로 한다.

2) 기초개념

나무그림검사는 내담자에게 나무 그림을 그리게 하여 인성에 관한 정보를 얻는 것인데, 먼저 나무에 대한 여러 가지 고찰을 해 보고자 한다. 융(Jung: 1875~1961)은 "만다라가 단면도로서 자아의 상징이라고 한다면, 나무는 자아의 측면도를 나타낸다고 할 수 있다. 나무는 성장의 과정으로서 그려진 자아이다."라고 『철학의 나무(Der philosophische Baum)』(1945)[5]에서 서술했다.

옛날부터 나무는 생명의 상징이라고 알려져 있다. "나무는 하늘과 물과 땅을 합하는 동적 생명이자 세계의 중심점에 있으며, 뱀이 올라타기도 한다. 때로는 하늘에 닿는다. 우주나무는 줄기가 2개, 뿌리가 하나로 하늘과 땅을 연결함을 나타내므로 우주축이 된다. 상록수는 불사, 부활, 재생을 나타낸다. 기독교의 십자가는 지식의 나무, 에덴동산에는 생명수와 지혜의 나무가 있어 전자의 실과를 먹으면 영원한 삶을 얻을 수 있지만, 아담과 이브는 후자의 실과를 먹어 인류에 죽음을 가지고 왔다."(赤祖父 편저, 1993)[6] "나무는 명백한 세계의 전체이며, 하늘과 땅과 물의 총체, 동적인 생명을 상징한다. 나무는 세계의 중심, 여성 원리를 상징하며, 양육자, 보호자, 비호자로서의 태모를 나타내고, 태모가 지배하는 풍요의 바다의 모태와 힘을 상징한다. 종종 여성의 모습으로 그려지는 뿌리는 땅의 깊은 세계의 중심에까지 뻗어 지하수에 닿은 나무는 세계로 뻗은 나무이며, 줄기는 수령을 나타내기 위해 연령을 넓히며, 가지는 하늘과 영원에 닿아 또다시 현재 세계의 존재 단계를 상징한다. 불교에서는 석가가 깨달음을 얻은 보리수는 위대한 깨달음의 상징이며, 지혜의 나무로 불리운다. 그것은 인내라는 뿌리, 득도의 꽃을 피우며, 기억과 판단력이라는 가지를 내고, 진실이라는 과실을 맺는다. 기독교에서는 선한 실과도 악한 실과도 난다고 하여 인간의 이미지가 된다."(Cooper, 1978)[7]

코흐(Koch, 1949)[8]는 힐트브루너의 저서 『수목』(Hiltbrunner, 1946)에서 나무와 인간의 문제에 대해서 고찰하였다. 내용의 요점을 정리하면 다음과 같다.

1. 나무의 형태와 인간의 모습은 닮았다.
2. 그러나 그 생활에는 차이가 있다. 나무는 개방계로서 결코 발달을 멈추지 않는다. 인간의 신체 구조는 중심의 기관에 의해 성장하고 통제되는 폐쇄계이다(그렇기 때문에 사람은 개방계의 존재인 나무를 그림으로 표현할 때, 폐쇄계로서의 존재인 인간 내면의 것을 외부로 끌어낼 수 있다).
3. 그렇기 때문에 수목화에 표현되는 것은 인간 내면의 것, 무의식적인 표현이다.
4. 수목화는 인간 존재의 심층과 표층이 투영된 혼합의 표현이다.

5. 인격이 있는 층은 과제(나무)에 의해 활성화되어 표현되는데, 반응 정
   도는 늘 같지 않다.

필자는 왜 그려진 나무가 그 사람을 나타내는 것인가 하는 물음에 대해, 특
히 코흐가 말한 2번 인간과 나무의 생활체의 차이에 의해 수목화가 인간의
내적인 표현을 하고, 즉 개방계의 나무를 그리는 것으로 폐쇄계의 인간 내면
의 것이 저절로 나타난다는 관점에 납득이 갔다.

벅(Buck, 1953)[10]은 집−나무−사람 검사(House-Tree-Person test: HTP) 중
에서 수목화에 대해 "일반적으로 자신의 생활 영역이나 자신의 환경에서 만
족을 끌어내리려는 능력에 관한 연상을 일으킨다."라고 말했다. 해머(Hammer,
1958)[11]는 "수목화는 비교적 심층에서 자신에 대한 무의식의 감정을 반영한
다. 보다 근본적인 동시에 자연스러운 식물인 나무는 인성의 심층 감정을 투
영함에 있어서 적절한 상징이다."라고 말하였다. 그러나 볼랜더(Bolander,
1997)[11]는 벅이 "나무는 내담자가 환경과의 관계에서 자신에 대해 느끼는 인상
을 표현하기 쉽다."라고 서술한 것에 이의를 주장하며 "그 사람의 출신, 지금
까지의 경험, 미래에 대한 희망과 계획을 포함한 그 사람의 생활과정의 역사
를 나타낸다. 이를 통해 장년에 이르기까지의 발달 개관을 알 수 있다. 나무
의 모티프가 잠재되어 있는 전기적인 상태를 나타낸다."라고 강조하였다.

아베랄르멘(Avé-Lallemant, 2002)[12]은 "나무는 두 개의 방향으로 뻗어 나아
간다. 먼저 대지의 중심으로 뿌리를 내린다. 동시에 빛의 방향으로 중력과 정
반대로 나아간다. 이 두 가지 방향으로 뻗은 나무를 짊어지는 것은 줄기이다.
줄기가 나무 전체를 짊어지는 힘이 된다. 지탱하는 기능은 뿌리와 줄기이다.
뿌리는 근원을 떠올리게 하며, 자란 곳, 가족, 집단의 기반을 상징한다. 생명
수준의 토대이다. 줄기와 가지의 나뉘는 부분은 잎이나 꽃, 열매를 잇는 부분
이며, 인격이 발전하는 기초를 형성하는 상징이다. 거기에 정체, 지체, 퇴행
등이 표현된다."라고 말했다.

앞에 기술한 것을 기반으로 사람과 나무의 공통점을 고찰한다.

나무도 사람도 좌우대칭이다. 예외도 있지만, 일반적으로 나무는 좌우대칭인 것이 많다. 인간의 몸도 눈이 둘, 손이 둘, 다리가 두 개로 좌우대칭이다. 로르샤흐 검사의 도형도 좌우대칭이기 때문에 우리의 의식, 무의식을 자극하여 내면을 투영하는 것이 가능하다. 로르샤흐 검사의 도형과 같이 우리가 수목화를 그릴 때, 자신을 닮은 모습을 투영하는 것이 용이하게 행해진다고 여기고 있다.

나무도 사람도 서 있는 모습, 즉 입상(立像)으로서의 공통점이 있다. 나무로 하여금 나무의 모습을 갖게 하는 것은 줄기이다. 줄기는 사람의 무엇에 해당하는 것일까? 사람이 사람으로서 될 수 있는 것은 사람다움, 인간성일 것이다. 다른 말로 하자면, 자아나 정서성이라고 할 수 있을 것이다. 타인과 관계하는 법, 자아의 에너지 또는 강한 의사표현 등이 줄기에 투영된다고 여겨진다.

사람도 나무도 성장하며 또한 노화한다. 나무는 뿌리를 내리고, 가지를 뻗어 잎을 내고, 꽃을 피우며 열매를 맺고, 긴 세월을 보내고 마침내 말라 썩게 된다. 사람도 성장하며 정서적으로, 지적으로 발달하는 배움의 때를 지나 일을 하고, 새로운 가족을 이루어 아이도 낳는다. 그리고 늙어 죽음을 맞게 된다. 가지, 잎, 꽃, 열매는 지적 · 정서적인 발전의 양상을 알려 준다. 청소년 시기는 자아동일성을 확립해 가는 시기이며, 줄기에서 가지를 뻗는 부분이 그러한 것에 상응한다고 아베랄르멘은 설명하였다. 또한 사회와의 관계는 수관(樹冠)의 바깥부분으로 알 수 있다. 공기를, 바람을, 햇빛을 받는 수관인가? 아니면 전혀 외부로부터의 침입을 허용하지 않는 견고한 수관의 모습인가?

나무도, 사람도 사람에 대한 친절함이나 배려를 베푼다. 실버스테인의『아낌없이 주는 나무(The Giving Tree)』(Silverstein, 1994)[13]라는 그림책이 있는데, 나무의 일생과 사람의 일생을 함께 잘 표현한 이야기이다. 사람의 경우에 어린 아이는 아이 나름대로, 성인은 성인 나름의 타인을 향한 친절함이나 배려를 발휘한다. 사람도 나무도 늙어서도 더욱 사람에게 도움이 되는 것이 가능하다. 나무 그림에서는 수관의 모습이나 나무 전체의 모습에서 밝고 따뜻한 인상을 가진 외부를 향해 열려 있는 나무로서 그려질 것이다. 나카조노(中園)는 실버스테인의 아낌없이 주는 나무를 수목심리학적으로 고찰하여 나무를 대상으로서 바라보았다. 그것은 곧 자기대상이기도 하다고 설명하였다(中園, 2005)[14].

나무도, 사람도 뿌리를 갖고 있다. 나무는 부모인 대지로부터 수분과 양분을 받아 살아간다. 사람도 부모로부터 생명을 얻어 양분을 얻고 살게 된다. 나무의 뿌리는 줄기를 지지하는 부위로서 틀림이 없지만, 사람의 뿌리는 무엇일까? 사람이 타인과의 관계를 안심하게 행하기 위해서는 사람에 대한 안정감이 있어야 한다. 뿌리는 어머니와 아버지이며, 가족이며, 태어난 곳과의 관계라고 할 수 있다. 나무는 생명체로서 땅에서 수분과 양분을 빨아들여 성장해 나아간다. 사람도 처음에는 어머니로부터, 그리고 아버지나 형제로부터의 애정을 받고 성장함에 따라서 사회에서도 지지를 받아 성장해 나간다. 수목화의 뿌리를 통해 가족이나 사회에 대한 근본적인 모습이 묘사된다. 이때 뿌리가 없어서 뿌리내리지 않았다고 판단해선 안 된다. 그려져 있다면 '충분히 뿌리내리고 있다' 혹은 '뿌리내리고 싶어 한다' 등 그 모습을 판단할 수 있는데, 그려져 있지 않은 경우에는 지금은 뿌리내림이 문제로 여겨지지 않는 것이다.

나무도, 사람도 환경에 좌우된다. 사람도, 나무도 태어나는 장소를 정할 수 없다. 그 환경에 적응하려고 나무도, 사람도 열심히 살아간다. 나무도, 사람도 성장의 과정에서 곤란함에 부딪히지만, 그럼에도 불구하고 뛰어넘으려 힘을 다하여 삶을 이어 간다. 줄기에 있는 상처나 구멍, 가지의 베인 자리 등은 환경으로부터 받은 것으로 볼 수 있다. 수목화의 상처나 구멍, 가지의 베인 자리 등은 마음의 상처인데, 나무 전체의 인상이 건강한 나무라면 문제로 볼 정도의 것은 아니다. 병든 나무, 성장이 막힌 나무라면 그 마음의 상처는 언제 생긴 것인지 검토할 필요가 있다. 비트겐슈타인 지수라는 계산식이 있는데(Castilla, 1994)[3], 필자는 '그려진 나무의 높이:상처의 높이 = 현재의 연령:X'의 X를 계산하는 방식을 취하였다.

나무와 사람의 상이점을 고찰해 보면 다음과 같다.

나무는 언어를 가지고 있지 않다. 언어를 가진 인간이 나무 그림을 그릴 때, 언어 이전의 이미지로서의 인간 본질이 그려지는 것은 아닐까?

얼굴이 없다. 성별을 알 수 없는 것이 많다. 옷을 입지 않는다. 그렇기 때문에 남녀의 성별이나 외관을 뛰어넘은 그 사람의 인간성 자체가 그려지는 것이 아닐까?

나무는 수명이 길다. 삶과 성장하는 자신의 나무가 그려진다.

내장이 없다. 인간은 폐쇄계, 나무는 개방계라는 코흐의 이야기가 떠오른다(앞의 코흐가 말한 2번을 참조할 것).

나무는 나쁜 짓을 하지 않는다. 사람이 나무에 자기를 투영할 때, 인간은 선하다는 성선설을 무의식 안에 취하고 있다. 그렇기 때문에 나무에 그려지는 수동적인 아픔(트라우마)이나 환경으로부터의 영향이 보다 선명하게 그려지게 된다.

아이를 돌보지 않는다. 도구를 사용하지 않는다. 무언가를 하는 존재보다는 그곳에 있다라고 하는 인간 존재 그 자체로서 그려지는 것은 아닐까?

2. 실시 방법

나무그림검사를 실시하는 경우, 그 사람 고유의 인격인 자기가 무의식으로 나타날 수 있다. 이때, 특히 활엽수가 적합한데 그 이유는 줄기에서 가지로 나뉘는 부분이 함께 그려지기 때문이다. 그러나 만약 나무그림검사를 권할 때, '활엽수'를 그리도록 공식처럼 해 버리면 '잎'이라는 것을 의도적으로 그리게 할 위험이 있다. 이를 피하기 위해서 코흐는 '과실나무'를 그리게 했다. 그러나 아베랄르멘은 나무에 사과 혹은 더 나아가 수확용 바구니가 달린 사다리를 포함한 그림을 피하고 싶어 이러한 상징적 내용을 수반하지 않는 간단한 첨가물로 간주하면 좋겠다고 생각하였다. 거기서 아베랄르멘은 "한 그

루의 나무를 그려 주세요. 단, 전나무(침엽수)를 제외한 것으로 그려 주세요."
라고 하였다. 때로는 야자나무나 그런 종류의 다양한 나무를 그리지만, 그려
진 나무를 그대로 판단하도록 한다. 또한 그리는 사람에게 연필을 고르게 하
는 것은 중요한 포인트이다. 선의 종류는 그리는 사람의 인격에 상응하기 때
문에 진단상의 평가대상이 된다.

　우리는 A4 용지 또는 켄트지에 2B~4B 연필로 간단하게 "나무 그림을 그
려 주세요."라고 지시한다. 그렇게 하여 그림을 그리는 사람은 나무를 여러
개 그릴 수도 있다. 그리는 모습을 지켜보면서 본인이 충분히 다 그렸다는 것
을 확인한 후에 종료를 하며, 시간제한은 두지 않는다. 그린 그 자리에서 바
로 이야기를 나눈다. "이 나무는 어떤 나무입니까? 하고 싶은 말이 있으면 해
주세요." 등으로 대화를 유도하는데, 말을 그다지 이어가지 않는다면 상담가
가 눈에 띄는 점에 대해서 "저는 당신이 그린 그림을 보고 ○○와 같이 생각
했는데, 어떻게 생각합니까?" 하고 판단은 본인에게 맡기는 것이 중요하다.
또한 가능한 한 치료적인 피드백을 하도록 신경을 써야 한다. 내담자의 정보
(자원, 긍정적인 면)를 끌어올리는 것이 중요하다.

3. 해석 5단계

　여기서는 아베랄르멘의 여러 저서 및 스기우라, 스즈키, 이리에, 라이너에
의해서 투사그림검사 연구회의 이름으로 기재된 해설[Avé-Lallemant(2002)에
수록], 스기우라(杉浦, 2002)[15] 그리고 2000년에 개최된 뮌헨에서의 세미나에
서 아베랄르멘으로부터 직접 배운 내용을 참고하여 다음에 아베랄르멘의 나
무그림검사 해석 5단계를 설명하고자 한다. 이 5단계를 표로 요약하여 제시
한 것은 p. 161에 있다.

1) 제1단계: 나무의 첫인상

먼저 나무의 첫인상을 검토한다. '우리는 넓은 초원에서 우연히 나무를 만났다. 지금 이 나무 이외에 보이는 것은 아무것도 없다'고 간주하며 나무그림 검사 용지 위의 나무를 바라보자. 먼저 자신의 나무 그림을 그려 볼 것을 권한다. 용지에 그려진 나무를 보았을 때의 첫인상을 생각해 본다. 그 나무는 어떻게 보이는가, 강한 나무인가, 혹은 태풍이 지나간 후의 상처 입은 나무인가, 성장하지 못한 병이 든 나무인가 등 여러 가지 인상 속에서 나무를 통하여 얻게 되는 인상을 생각해 본다.

예를 들어, 빈약한 나무라든지, 넓게 펼쳐져 있다든지, 강해 보인다든지, 상처가 있는 것 같다든지([그림 4-1] 참조), 내향적으로 보인다든지, 혼란스러워 보인다든지 등으로 인상을 설명해 본다. '뿌리가 어떻게 그려져 있는가, 줄기는 어떠한가'는 사실을 설명하는 것이지 인상이 아니다. 될 수 있는 한 단순한 언어로, 한마디로 전체적인 인상을 설명한다. 이것은 처음에는 의외로 어려운데, 점점 익숙해져서 나무 그림을 계속 보다 보면 그 나무에 어울리는 말이 나오게 될 것이다. 그 인상이라고 하는 것에서 이미 나무 본질의 개요는 대충 읽을 수 있게 된다. 강해 보이는 나무라는 인상이라면, 그것만으로 '이 나무는 건강한 나무이다. 매우 에너지가 넘치는구나' 하고 그 배후의 세부적인 것이 보이기 시작한다. 이렇게 세부가 보이도록 인상을 설명하는 것이 중요하다.

필자들도 독일의 뮌헨이나 스위스의 바트라가츠로 연수를 갔을 때, 아베랄르멘이나 라이너의 "이 나무의 인상은?"이라는 물음에 처음에는 잘 대답하지 못했던 상황도 있었지만, 이것과 씨름하는 사이에 점점 인상을 표현할 수 있게 되었다. 만약 첫 인

그림 4-1 줄기에 상처가 있는 나무

상이 건강한 나무라면, 세부의 사실을 돌아보지 않고 나무의 해석이 가능하다. 예를 들어, 줄기에 상처가 있다고 하여도 그 마음의 상처는 어느 정도 탈피된 것이라고 생각해도 좋을 것이다.

　다음의 네 단계에서 이러한 주관적인 인상을 보다 방법론적 접근으로 검토하고자 한다. 또한 도움이 되는 나무의 본질을 나타내는 인상을 설명하는 것이 중요하다.

2) 제2단계: 공간의 배치

　A4 용지의 공간에 '나무가 어떻게 서 있는가, 중앙에 서 있는가, 왼쪽에 서 있는가' '중앙보다 위에 서 있는가' '상하의 관계, 좌우의 관계' '커다란 공백이 있는가' '오른쪽에 치우쳐 있는가'처럼 그 자체의 공간 비율을 본다. 전체적으로 A4 용지의 몇 분의 일 정도 크기인지, 어느 쪽이 보다 강조되어 있는지, 어느 부분이 다른 부분보다 공간을 차지하고 있는지, 그러한 부분을 잘 관찰하는 것이 포인트이다. 자신이 그린 용지의 상하좌우의 반절에 선을 그려 넣어 보면 오른쪽이나 왼쪽으로 치우쳐 있는 것이 잘 보인다. 내담자의 그림에 선을 넣거나 접는 것에 저항이 있는 경우는 밑이 투명하게 보이는 것을 올려놓고 펜으로 상하좌우의 중심선을 그려 넣은 후, 갖다 대어보면 알기 쉬울 것이다([그림 4-2] 참조).

　다음으로, 공간의 배치 중에서 마지막으로 진하게 그려진 부분이 어디인지, 공간의 어디에 있는지 하는 것을 체크해 둘 필요가 있다([그림 4-3] [그림 4-4] 참조).

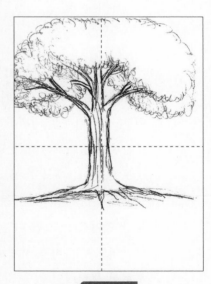

그림 4-2

상하: 위쪽으로 배치되어 있다.
좌우: 다소 왼쪽에 위치해 있다.

| 그림 4-3 | 그림 4-4 검게 칠한 줄기와 좌우로 벌어진 가지 |

몇몇의 열매가 검게 칠해져 있다.
오른쪽의 가지에 열매가 많이 붙어 있다.

3) 제3단계: 살아 있는 유기체로서의 나무

공간상징을 검토한 후에는 살아 있는 유기체로서의 구조를 가진 나무인지 아닌지를 생각해 본다. 예를 들면, '이 나무는 실제 살아 있는 유기체 같은가, 이 가지는 나무를 지탱하는 데 충분한 강함이 있는가, 뿌리에서 줄기가 생긴 부분은 어떻게 되어 있는가, 또 줄기 자체는 어떻게 되어있는가' 하는 것들을 검토해 본다. 예를 들어, 줄기가 너무나 연약하여 큰 수관을 지탱하기 힘들 것 같은 굵은 줄기도 있는가 하면, 반면에 넓게 뻗은 가지를 지탱하는 데 충분한 힘이 있는 가는 나무도 있을 수 있다. '유기체'라는 말의 의미는 나무가 가늘어도 충분히 유기체로서 존재하는, 혹은 나무가 굵어도 말라 버린 유기체로서 생명력이 없을 것 같은 나무도 있을 수 있다. 여기서 사용되는 또 한 가지의 검토방법은 '나무에 올라갈 수 있는가 아닌가' 하는 것이다. 안심하고 올라탈 수 있는 나무란 생명력 있게 뿌리내리고 있고, 탄력이 있어 가지도 잘

부러지지 않을 것 같은 인상을 주는 나무이다.

또한 아베랄르멘은 가지가 나뉘는 나무의 중앙이 중요하다고 말하였는데, 이 부분을 '나무의 심장'이라고 하였다. 거기서 유기체 전체를 지탱하는 힘과 균형을 이루고 있는지를 볼 수 있다. 가지가 나뉘는 부분은 정체성을 나타낸다. 청소년의 나무일 경우, 청소년의 발달과정의 정체성을 어떻게 확립시켜 갈 것인지 하는 것은 매우 중요하다. 나무의 심장이라는 것은 줄기에서 가지로 나뉘는 것처럼, '자기 동일성'을 어떻게 만들어 갈 것인지를 의미하며, 아베랄르멘이 지적한 것처럼 정체성의 문제를 강하게 암시한다. 이때 나무의 중심이 팽창되거나 속이 비어있는지 등을 체크해 둘 필요가 있다.

다음으로 볼 것은, 나무의 수관이다. 나무는 가지로 나뉘어 점점 가지가 성장하여 잎이 무성해져서 수관이 된다. 이 수관이 어떻게 조직화되어 있는가를 검토한다. 나무의 가장 바깥쪽이 어떻게 그려져 있는가를 검토한다. 실제 나무는 우리가 나무 그림을 그리는 것처럼, 수관부분의 선이 한 바퀴 빙글하고 둘러져 있지 않다. 태양이 떠 있는 방향에 있는 나무의 나뭇잎 사이로 햇빛이 비추는 것처럼, 공기가 거기로 들어갔다 나왔다 하는 것이 유기체로서의 나무이다([그림 4-5] 참조). 나무의 가장 바깥쪽이 방어벽처럼 너무 딱 떨어지게 그려져 있다면([그림 4-6] 참조), 그것은 외부와의 교류를 거부하고 있을 가능성이 있다. 외부와 교류를 하지 않으면 외부로부터 교류를 하려고 해도 받아들일 수 없는 매우 방어적인 자세를 가지게 된다. 나무의 겉부분은 어떻게 그려져 있는가? 또 감정표현의 풍부함이나 지적 발달 등의 상징으로서의 나뭇잎이 어떻게, 어느 정도 달려 있는지를 검토한다. 예를 들어, 나뭇잎이 정말 적은 수밖에 없거나 또는 나뭇잎이 떨어져 있는 나무라면 슬픔이나 억압을 의미한다.

그러나 나뭇잎이 그려져 있지 않다고 해서 감정의 풍부함이나 지적 발달이 없는 것이라고 할 수는 없다. 아베랄르멘이 말한 것처럼, 그리지 않은 것에 대해서는 무엇도 말해서는 안 된다. 예를 들어, 뿌리가 그려져 있으면 뿌리내

그림 4-5 유기체로서의 나무   그림 4-6 방어적인 수관

림(안정감이나 기반)의 문제의 양상을 알려 주지만, 그려져 있지 않을 때에는 뿌리내림이 없다고 말할 수 없다. 현재 뿌리내림보다 다른 것이 중요하여 뿌리내림은 문제로 여기지 않는다고 해석할 수 있다. 나뭇잎이나 지면도 동일하게 말할 수 있다. 3단계의 유기체로서의 나무라고 하는 점에서 이러한 점을 주목한다.

4) 제4단계: 필적 분석

필적 분석의 해설은 '별-파도그림검사'에 준하기 때문에 여기서는 생략한다. '별-파도그림검사'의 필적 분석을 참조하라.

(1) 선 긋는 법
- 한 번에 긋는 필적([그림 4-7] 참조)과 출렁이는 필적([그림 4-8] 참조)

- 안정적인 필적([그림 4-9] 참조)과 불안정한 필적([그림 4-10] 참조)
- 연속된 필적([그림 4-11] 참조)과 단절되어 있는 필적([그림 4-12] 참조)

(2) 필적 타입

- 섬세한 필적([그림 4-13] 참조)
- 날카로운 필적([그림 4-14] 참조)
- 부드러운 필적([그림 4-15] 참조)
- 확실한 필적([그림 4-16] 참조)

그림 4-7 한 번에 긋는 필적(수관)

그림 4-8 출렁이는 필적(수관)

그림 4-9 안정적인 필적

그림 4-10 불안정한 필적

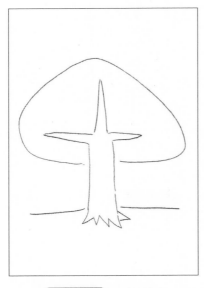

그림 4-11 연속된 필적

그림 4-12 단절되어 있는 필적
(수관의 선)

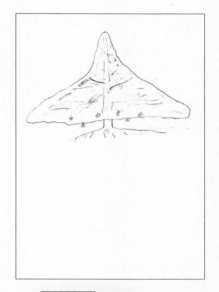

그림 4-13 섬세한 필적(가지)

그림 4-14 날카로운 필적(줄기와 가지)

그림 4-15 부드러운 필적

그림 4-16 확실한 필적

(3) 필적의 흐트러짐

- 얇은 필적([그림 4-17] 참조)
- 단단한 필적([그림 4-18] 참조)
- 무른 필적([그림 4-19] 참조)
- 난잡한 필적([그림 4-20] 참조)
- 검게 덧칠한 필적([그림 4-21] 참조)
- 산산조각 난 필적([그림 4-22] 참조)

그림 4-17 얇은 필적(줄기의 상처)

그림 4-18 단단한 필적

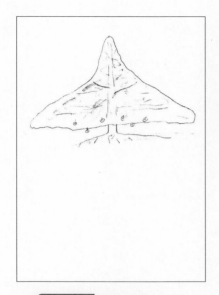

그림 4-19 무른 필적(수관 내)

그림 4-20 난잡한 필적

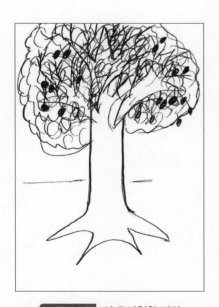

그림 4-21 검게 덧칠한 필적

그림 4-22 산산조각 난 필적

(4) 평면 처리

- 그림자를 그림([그림 4-23] 참조)
- 선 그림자를 그림([그림 4-24] 참조)
- 윤곽을 그림([그림 4-25] 참조)
- 어둡게 그림([그림 4-26] 참조)
- 거칠게 그림([그림 4-27] 참조)

그림 4-23   그림자를 그림

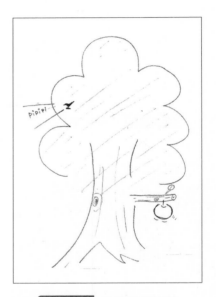

그림 4-24   선 그림자를 그림

그림 4-25 윤곽을 그림

그림 4-26 어둡게 그림(줄기와 가지)

그림 4-27 거칠게 그림

5) 제5단계: 생활상황

내담자의 현재 생활상황의 문맥 안에서 나무를 이해하고 해석한다. 그럴 때 비로소 내담자 자신의 힘으로 끝까지 해결 방법을 찾기 위한 유효한 해석이 가능하다. 따라서 그림을 그렸다면 바로 그 나무에 대해서 대화를 하는 것이 효과적이다. 내담자 자신만이 자기 자신을 가장 잘 알고 있기 때문에 해석이라는 것은 내담자 자신이 이야기를 하는 중에 나타낼 수 있도록 우리가 도움을 주는 것이 중요하다.

4. 종합적 해석

다음에 나무그림검사의 종합적인 해석을 두 가지 예로 들고 있다. 그림을 그린 사람의 배경은 사생활 보호 문제로 성별과 연령만 제시하고 다른 부분은 생략하였다.

1) 내담자 A의 '나무그림검사' 해석([그림 4-28] 참조)

(1) 제1단계: 나무의 첫인상

까칠까칠한 느낌의 나무, 뾰족뾰족한 나무, 위로 길게 자란 나무, 얇은 나무, 상처가 있는 나무 등 다양한 첫인상을 생각해 본다.

(2) 제2단계: 공간 배치

용지의 상하 끝까지 사용하였으며, 균형이 잡혀 있다. 커다란 나무이지만, 수관은 공허함이 있다. 좌우는 다소 왼쪽으로 위치하고 있고, 대인접촉을 피하는 점이 있다고 의심된다. 우측의 필적에 비해 좌측의 필적이 진하고, 수

관도 왼쪽을 강조한 것으로 보아 내적 세계를 향한 지향성이 있다고 할 수 있
다. 그러나 줄기의 근원은 오른쪽이 두꺼운 것으로 보아 친밀한 사람과의 접
촉도 바라고 있음을 알 수 있다. 지면에는 풀이 그려져 있다. 뿌리가 그려져
있기 때문에 뿌리내림의 문제가 있는 것 같지만, 그것을 풀숲에 은폐하고 있
다고 여겨진다.

(3) 제3단계: 유기체로서의 나무

커다란 전나무로, 중심의 줄기에서 가지로 나뉘는 부분이 그려져 있지 않
다. 위쪽으로 향할수록 안이 들여다보인다. 이러한 것으로 보아 발전하고 싶
은 마음은 있지만, 이 나무는 유기체로서 충분하게 성장하고 있다고 보기는
힘들다. 나뭇잎이 아래 방향으로 내려온 느낌이기 때문에 우울함의 경향도
의심해 볼 만하다. 이 나무에 올라타려고 하여도 나무 표면이 거칠어 사람이
다가가기 힘들어 보인다. 또한 줄기를 오른다고 하여도 가지가 보이지 않기
때문에 그 이상은 오르지도 못할 것이다.

(4) 제4단계: 필적 분석

딱딱한 선으로 줄기와 수관이 그려져 있다. 이성적인 통제가 가능하지만,
또한 무른 선도 수관에서 보이는 것으로 보아 외부로부터 바로 영향을 받는
경향도 있다. 수관에는 난잡한 선도 있고, 정서적으로 혼란한 모습이 시사된
다. 음영이 눈에 띄며, 불안이나 신경과민을 의심해 볼 만하다. 줄기에 해칭
(대각선의 음영)이 있는 것으로 보아 감정적인 일을 이성으로 통제하려는 일
면이 그려진다.

(5) 제5단계: 생활상황(생략)

그림 4-28 내담자 A(50대 여성)

*

　상승지향이 있고 외부세계에 대해서는 당당함을 내보이고 싶은 사람이라고 할 수 있지만, 작은 것이라도 자기 힘으로 할 수 있는 것에 대한 자신감을 가지지 못하고 있는 것으로 여겨진다. 우울한 감정을 이성으로 통제하려고 하는 듯 보인다. 사람과 교류하고 싶은 마음이 있는 반면에, 내적인 세계에도 흥미와 관심이 있어 갈등을 안고 있으며 감정적으로 초조함이나 혼란이 의심된다.

2) 내담자 B의 '나무그림검사' 해석([그림 4-29] 참조)

(1) 제1단계: 나무의 첫인상

당당한 자태의 나무, 충실한 나무, 지금이라도 움직일 것 같은 나무, 건강한 나무, 부드러운 나무 등 첫인상을 생각해 본다. 이 나무는 이러한 첫인상처럼, 건강한 나무이지만 줄기에 구멍이 있다. 구멍은 심적 외상으로 알려져 있다. 비트겐슈타인 지수를 측정하면 사춘기에 어떤 문제가 생겼다고 생각할 수 있지만, 이 건강한 나무를 보면 과거의 심적 외상(트라우마)을 특별히 내세워 문제시할 필요는 없어 보인다. 푹신푹신하고 부드러운 인상도 있어 정서적으로도 안정되어 있는 사람으로 여겨진다.

(2) 제2단계: 공간 배치

용지의 상하 중간에 나무가 위치하여 균형이 잡혀 있다. 커다란 나무로 충실한 나무이다. 줄기는 다소 왼쪽에 위치해 있지만 수관은 오른쪽이 강조되어 있다. 이를 비추어 볼 때, 이 그림을 그린 사람은 활동적이고 야심가이지만, 다소 뒷걸음치는 부분도 있다고 할 수 있다.

(3) 제3단계: 유기체로서의 나무

싱그럽고 건강한 나무이다. 뿌리는 나무를 충분히 지탱하고 있는데, 풀이 그려져 있는 것으로 보아 뿌리내림이나 기반의 문제를 은폐하려고 하는 것이 있을지도 모른다. 한편, 줄기의 모양이나 가지로 나뉘는 부분, 큰 가지, 작은 가지, 나뭇잎, 열매 그리고 수관에 이르기까지 자연스럽게 그려져 있어서 지적·정서면의 발전 모습을 볼 수 있다. 많은 열매가 나무줄기에 달려 있는데, 작은 열매는 지면에 떨어져 있다. 이러한 것을 볼 때, 이 그림을 그린 사람은 충분히 성과를 이루고, 현재 충실한 때를 지나고 있는 것으로 보인다. 다음의 전개가 있을지도 모른다.

(4) 제4단계: 필적 분석

줄기나 가지는 확실한 필적으로 그려져 있다. 한편, 나뭇잎이나 열매는 부드러운 필적과 무른 필적으로 그려져 있다. 이 그림을 그린 사람은 자아의 에너지가 강하고, 자발적·본능적인 사람이지만, 정서적인 면에서는 섬세하고 관능적인 감수성이 우위를 점하고 있으며, 외부의 영향을 받기 쉬운 경향이 있다.

(5) 제5단계: 생활상황(생략)

그림 4-29   내담자 B(40대 남성)

＊

이 그림을 그린 사람은 균형이 잡혀 있는 사람이다. 이 나무는 뿌리로부터 수
분과 양분을 줄기, 큰 가지, 작은 가지를 통하여 나뭇잎이나 열매, 수관에 이르
기까지 충분히 빨아올릴 수 있고, 자연스럽게 쑥쑥 성장한 모습으로 보인다. 이
그림을 그린 사람은 에너지가 있으며, 적극적인 사람이지만, 한편으로는 섬세
한 감정세계도 갖고 있어 사람들이 좋아하는 타입이다. 지금 매우 충실한 시간
을 보내고 있지만, 이제부터 새로운 전개를 기대하고 있는 것으로 여겨진다.

〈표 4-1〉 나무그림검사의 해석 5단계

1. 나무의 첫인상		• 그 나무의 본질로 이어지는 단순한 예를 3개 정도 들어 본다. • 건강한 나무인지 그렇지 않은 나무인지를 검토하는 것으로 나무의 세부(예를 들면, 구멍은 심적 외상을 의미한다)에 집착하지 않고 넘어갈 수 있다.	
2. 공간의 배치	큰 나무	당당하게 서 있다면 충실한 모습의 건강한 사람을 나타낸다. 힘이 없다면 공허, 허세를 엿볼 수 있다.	
	매우 큰 나무	상단부와 하단부에 닿도록 넘치게 나무를 그렸다면 유아성으로부터 벗어나지 못한 것을 의미한다. 앞으로 나아가고 싶지만 초점이 일정하지 않고, 현실과의 접점 없이 나아간다.	
	매우 작은 나무	위축, 자신이 없다.	
	위쪽에 위치함	이상주의나 사고의 이론화를 의미한다(사춘기에 많이 나타난다).	
	아래쪽에 위치함	아래쪽 가장자리부터 그리는 것은 아이들에게는 일상적이다. 청소년이나 성인이라면 발달 지체나 퇴행이 의심된다.	
	오른쪽에 위치함	외부와의 접촉을 희망하는 사람이다.	
	왼쪽에 위치함	내적 세계로의 접촉을 좋아하는 사람이다.	
	오른쪽의 강조	친한 사람과의 관계	오른쪽 상단부 강조: 활동적이고 야심가이다.
			오른쪽 하단부 강조: 외향적이며 타인과 접촉을 원하는 사람이다.
	왼쪽의 강조	그 사람 고유의 심적 내면	왼쪽 상단부 강조: 원함과 노력은 내면을 위해 한다. 외부에 대해서는 사람과의 접촉을 두려워하는 사람이다.
			왼쪽 하단부 강조: 내향적이고, 겁이 많으며, 자기억제를 하는 사람이다.

3. 살아 있는 유기 체로서의 나무	① 살아 있는 나무인지, 아픈 나무인지, 말라 버린 나무인지 검토	그 나무에 올라탈 수 있는가(올라가고 싶지 않다, 올라갈 수 없다 등), 장애는 어디에 있는가, 무엇이 장애를 일으켰는가, 수령(樹齡)에 맞게 변화하고 있는가를 검토한다.		
		줄기는 지탱하는 기능, 지속력, 공존성, 사회성을 시사한다.		
		줄기	까칠까칠한 나무껍질, 윤곽이 단단한 선, 절단면	적응의 어려움을 의미한다. 한편, 절단면은 체험의 극복을 시사한다.
			부드러운 선, 섬세한 선, 능동적이고 활발한 윤곽, 줄기 표면의 음영	사람과 마찰이 없는 접촉을 의미한다.
			구멍, 상처	심적 외상을 시사한다.
	② 뿌리가 그 나무를 충분히 지탱해 주는지 검토	뿌리는 지지하는 힘, 생명의 토대로 뿌리내림(안정감이나 기반)의 특징을 분명히 보인다. 뿌리의 모양을 검토한다.		
		뿌리	느슨해져서 축 늘어져 내려진 뿌리	젊은 사람일 경우, 자립할 때나 자신의 거주하는 곳으로부터의 이탈을 시사한다.
			손을 뻗어 잡으려고 하는 듯한 뿌리	유아기에 뿌리내림을 체험하지 않고 지금에서야 찾고 구한다.
	③ 각 부분의 검토	수관은 인격 체험 영역의 표현이며, 인격의 강도(强度), 세부화, 건전함 등 정서나 지성의 체험 전개나 성장을 분명히 한다.		
		큰 가지, 작은 가지는 보유/지지/지속/재생/활력/세분화를 시사한다.	줄기나 크고 작은 가지의 파손은 욕구불만, 돌출된 가지 끝은 공격성을 시사한다.	
			가지의 교차는 심적 성장의 뒤얽힘이나 갈등을 시사한다.	
			가지의 반대 방향은 성격적으로 비뚤어진 것을 시사한다.	
			가지의 얽힘은 감정의 흥분이 눌러지지 않음을 시사한다.	
		잎은 감정의 모습을 알려 준다.	거의 나뭇잎이 없거나 잎이 떨어져 있는 경우에는 슬픔이나 억울함을 시사한다.	

				열려 있는 경우에는 사람과의 접촉이 양호하고, 폐쇄와 밀폐의 경우에는 자기방어/자기보호를 시사한다.
		수관의 바깥쪽(수관의 피부)은 환경과의 관계를 명확하게 한다.		
		꽃은 자신과 기대를 시사한다.		
		열매는 풍부함을 시사한다.		
	④ 줄기에서 가지로 나뉘는 부분(나무의 심장)의 상황 검토	수관은 인격 체험 영역의 표현이며, 인격의 강도, 세부화, 건전함 등 정서나 지성의 체험 전개나 성장을 분명히 한다.		
		나무	절상(결절: 나뉨이 있다)	의식과 관계한 갈등을 시사한다.
			혹(부풀어 있다)	리비도(유기적 성장)의 정체를 시사한다.
			텅 빔(공동: 구멍)	자아동일성의 문제에 부딪혔음을 시사한다.
			손가락상	정상적인 발전, 자기의 발전을 지향한다.
			중앙의 가지	인격발달 위기의 상황을 알려준다. 파손된 중앙의 가지는 내면의 좌절을 시사한다.
4. 필적 분석	별−파도그림검사 참조			
5. 생활상황	내담자의 생활상황의 맥락 안에서 나무를 이해하고 해석한다.			

제5장

투사그림검사 배터리의
유의점

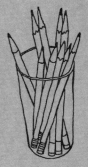

1. 대상자

이 장에서는 투사그림검사 배터리를 실시함에 있어서 자주 듣는 질문들 또는 유의해야 할 사항들에 대해서 이야기하겠다. 앞 장의 내용과 일부 겹치는 부분도 있다. 먼저 투사그림검사 배터리를 실시할 수 있는 내담자에 대해 설명하겠다.

대상범위가 매우 넓은 검사이지만, '지시를 이해하고 연필로 선을 그리는' 능력이 없는 경우에는 당연히 도입 자체가 불가능하다. 발달단계로 말한다면 갈겨 그리는 시기가 지난 만 3세 전후부터 도입이 가능하다. 또한 지적 능력에 문제가 있어 지시의 이해가 어려운 경우에도 검사의 신뢰성은 떨어지지만, 도입 자체에 해가 되는 것은 아니기 때문에 상담가가 그릴 수 있는가 없는가를 판단하지 말고 시험적으로 그려 보게 하는 것이 중요하다. 그리고 지적 장애로 인해 그림에 대한 자기효능감이 극단적으로 낮아진 내담자에 대해서는 그리는 것을 격려하는 동시에 '그렸다'라는 행동에 대해서 긍정적인 피드백을 하는 것도 잊어서는 안 된다.

다시 한 번 설명해 두지만, 그림검사는 '그림을 못 그린다'고 생각하는 내담자에게 불쾌감을 줄 가능성이 있다. 그리지 않는 자유를 부여하는 것도 중요하지만, 이 검사가 그림 실력이 좋다 나쁘다와는 전혀 상관없다는 것을 강조하여 도입을 시도하는 것이 중요하다. 투사그림검사 배터리는 본래 공격성이 낮아 상담자와 내담자의 관계가 형성되어 있다면 그림검사의 실시를 주저

할 필요는 없다. 역으로 말하면, 검사에 대한 태도를 보고 상담자와 내담자의 관계를 평가할 수도 있다.

정신질환의 종별에 따른 금기사항도 거의 없다. 조현병의 급성기에 있어 상담자의 과제를 피해로 받아들일 가능성이 높은 경우나 연필이라는 도구, 바다의 파도라는 소재 등 투사그림검사 배터리에 관계하는 어떠한 요소에 대해 강한 공포를 갖고 있는 경우 등 상식적으로 생각하여 도입을 절제해야 할 병리상태의 내담자 이외에는 실시할 수 있다.

또한 조현병의 임상과 연구에 조예가 깊은 나카이 히사오(中井久夫)는 스기우라(杉浦)에게 사적으로 "별-파도그림검사는 밤의 풍경을 그리는 검사이며, 조현병의 사정거리에 들어간다."라고 말하였다. 별-파도그림검사는 조현병인 내담자에게 친화성이 높은 검사 중 하나라고 할 수 있다.

2. 실시 방법

1) 시기

원칙으로는 상담 초기 · 중기 · 후기 총 3회에 실시하고 변화를 진단하는 것이 좋다. 초기 검사에서는 내담자의 상태 진단과 향후 계획을 세울 수 있으며, 중기 · 후기 검사부터는 심리치료의 효과와 종결에 대한 판단을 진단하는 것이 가능하다. 물론 상담이 진행되고 있는 중에 언제든지 '지금이 중기, 지금이 후기'라고 판단할 수 있는 것은 아니므로, 그림검사를 상담 시작 초기에 실시하고 이후에는 수개월에서 1년 정도 간격을 두면서 실시하여 진단에 쓰는 것이 현실적이다.

2) 순서

3종 검사는 '별-파도그림검사' '발테그그림검사' '나무그림검사'의 순으로 실시하는 것이 표준이지만, '별-파도그림검사' '나무그림검사' '발테그그림검사'의 순으로 실시하는 경우도 있다. 3종 검사의 실시 순서에 대해 상담자는 내담자가 그리기 쉬운 순서를 생각하여 정한다. 대부분의 내담자에게 별-파도그림검사는 소재도 친숙하고 검사의 틀이 작아 매우 그리기 쉽다. 발테그그림검사는 아이들이 재미있어 하며 바로 시작하는 경우가 많은데, 성인은 각 틀에 무엇을 그릴까 발상하는 시간이 걸리는 경우도 있다. 나무그림검사는 A4용지가 그림의 용지 전부가 되기 때문에 그리는 양이 사람에 따라서 많아지기도 하고, 시간과 에너지가 필요하게 된다. 검사의 순서를 내담자에게 고르게 하는 선택지도 있지만, 상담자가 부담이 적은 순서를 판단하여 지시하는 것이 좋다.

3) 시간

먼저 검사는 세 종류이며, 시간제한은 없다는 것을 처음에 알려 준다. 1회기에 3장을 다 그려 버리는 내담자가 있으면, 1회기에 한 장씩 총 3회기를 필요로 하는 내담자도 있다. 3종 검사는 간격을 두지 않고 최소한의 휴식을 주면서 연속으로 실시하는 것이 바람직하다. 3장을 다 그린 시점에서 작품을 상담자와 내담자가 공유하며 피드백 하는 시간을 가진다. 내담자가 그림을 그리는 사이에 상담자는 내담자의 집중력을 흐리지 않는 위치에 앉아 조용하게 그림을 지켜본다. 그림의 프로세스를 기록해 두는 것은 중요하며, 특히 발테그그림검사에서 8개의 칸에 어떠한 순서로 그려 넣었는가는 해석의 유력한 재료가 되는데, 내담자가 스스로 다 기억하지 못하여 상담자의 기록이 필요한 경우도 있다. 그러나 내담자의 그림을 빠짐없이 기록하는 기색을 보이게 되면 부담을 주기 때문에 내담자에게 표 나지 않게 기억과 기록을 사용하여서 메모를 하는 것이 좋다.

4) 일부 검사의 실시

투사그림검사 배터리는 세 종류의 그림검사를 합하여 행해지지만, 각각 단독의 그림검사로 신뢰성, 타당성이 높다. 세 종류 중 하나, 혹은 두 개를 실시하는 경우도 물론 있다. 그러나 굳이 말하자면, 상담자와 내담자의 관계가 형성되어 있는 경우에 그림을 3장 그리게 하는 것은 내담자에게 어떠한 부담도 느끼지 않게 하며, 같은 시간을 언어상담만으로 시간을 보내는 것보다 효과가 높다. 투사그림검사 배터리는 단순히 진단으로만 이용할 수 있는 것이 아니라, 그린 작품을 그 자리에서 공유하며 피드백하는 것으로 심리치료로서의 효과가 있음은 앞 장에서 서술한 그대로이다.

5) 검사도구

제2장(별-파도그림검사)과 제3장(발테그그림검사)에서 제시한 검사 용지를 복사해 두면, 독자는 바로 투사그림검사 배터리를 실천할 수 있다. 용지는 A4 크기의 종이, 연필은 2B~4B(유아인 경우에는 HB~2B)인 것 이외에는 특별히 정해진 것이 없다. 도구에 대한 구체적인 규정을 만들면 도입의 용의성이 떨어지게 되므로 절대 조건은 제시하지 않지만, 상담자로서 심리검사를 도입할 때까지는 '배려'를 중요하게 여기기를 바란다.

예를 들어, 종이는 재생지보다는 하얀 종이가 더 좋다. 얇고 좋은 질의 종이여도 괜찮지만, 뒤가 비치지 않는 약간 두꺼운 종이가 있다면 그편이 좋다. 종이 표면이 너무 반들반들하면 연필이 미끄러져 그리기가 어렵다. 반대로 요철이 많은 용지는 특히 발테그그림검사 등 섬세한 그림이 요구되는 검사 용지로는 적합하지 않다. 연필도 오래 사용하여 짧아진 것보다는 어느 정도 길이가 있는 것이 쉽게 그릴 수 있으며 보이는 인상도 좋다.

이러한 것은 '이렇게 정해져 있기 때문에'라고 하는 이유로 선정된 것은 아니다. 상담실에서 그림검사 제안을 받아 그림을 그리는 내담자의 입장이 되어 생각해 보고 스트레스를 받지 않도록, 또한 존중받고 있다는 기분이 들도록 마음을 쓰기를 원한다.

3. 투사그림검사 해석

아베랄르멘은 그림이 다 그려졌으면 바로 그 자리에서 피드백을 해야 한다고 주장하였다. 제1장에서도 말한 것과 같이, 검사를 단순히 검사 자체에 목적을 두는 것이 아니라, 심리치료의 도구로서 사용하는 것이다. 일반적으로 심리검사는 그 자리에서는 피드백하지 않고 나중에 그 결과를 전달하게 되는데, 검사의 채점이나 해석에 시간이 걸릴 것을 생각한다면 이는 자연스러운 것이다. 그러나 검사를 의사소통 촉진을 위한 도구로 사용하려고 한다면 정확한 소견을 그 자리에서 전달하는 것이 아닌, 그림에 대해서 이야기를 나눈다는 발상을 하게 된다. 즉, 그림을 그린 직후의 피드백은 상담자의 상세한 해석을 직접 전달하지는 않는다. 치료적인 피드백에 유의하여 "나는 당신의 그림을 보고 ○○와 같이 생각하는데, 어떻게 생각하십니까?" 하고 판단은 내담자에게 묻는 것이 중요하다. 이에 따라 내담자는 자신의 표현에 대한 자기이해를 쉽게 할 수 있고 심리치료가 촉진, 심화하게 된다.

로르샤흐 검사와 같은 투사법(Projective techniques)은 피검자가 삽화를 보았을 때의 인상(Eindruck=impression)이 해석의 대상이 된다. 그러나 투사그림검사가 투사법과 커다란 차이가 있는 것은 피검자의 표현(Ausdruck=expression)을 해석의 대상으로 한다. 상담가가 내담자의 표현을 해석할 때, 흡사 로르샤흐 검사의 삽화를 보았을 때와 같은 인상이 거기에 존재한다. 아베랄르멘은 별−파도그림검사, 발테그그림검사, 나무그림검사 3종 검사에서 오히려 '내담자의 표현에 대한 상담자의 인상'을 확실하게 생각할 것을 중시하였다. 이 말은 특히 나무그림검사의 해석 제1단계로 확인되어야 하는데, 별−파도그림검사에서도 발테그그림검사에서도 작품을 보았을 때의 첫인상을 생각하는 것은 상담 시 역전이를 생각하는 것과 같은 의미로 중요하다. 그러나 자신의 인상을 중시하는 것은 자칫하면 내담자의 표현에 대한 상담자의 투사가 되어 버려서 신뢰성의 위험을 내포하게 된다.

상담자의 '무의식의 투사'라는 개인차가 아주 큰 요소라는 것을 깨닫지 못한 채 해석에 영향을 주지 않도록 유의해야 한다. 또한 반대로 단순한 인상 비평이 되지 않도록 세심한 주의와 방대한 트레이닝이 필요하다. 거기서 처음으로 '표현의 인상'이 의미를 갖게 된다. 예를 들면, 발테그그림검사에서 킹젯의 양적인 해석 방법에 대해서 아베랄르멘의 질적인 해석 방법이 가진 거대한 이점은 인간이 자연스럽게 가지는 견해의 능력, 외적 세계에 대한 판단능력을 충분하게 살릴 수 있게 되며, 그것이 '표현의 인상'의 해석에 집약된다는 것이다. 이는 나무그림검사에 대한 코흐와 아베랄르멘의 생각의 차이라고 할 수 있다.

이를 다른 말로 하자면, 나카무라(中村, 1992)[1]의 '임상의 지식'을 진단으로 활용하는 것이기도 하다. 자신의 '인상'을 해석에 사용하는 것에 대한 당연한 비판을 참으며 처음으로 '인상'을 임상의 지식이라고 말하게 된 것인데, 비판을 참는다는 것은 비판을 무시하는 것을 의미하는 것이 아니다. 오히려 스스로 자신의 '인상'에 비판을 계속해서 던지는 것이 필수사항이다.

이와 같은 사실은 연구법의 세계에서도 비슷하다고 말할 수 있다. 양적인 연구법에 비하여 질적인 연구법은 자기비판을 중요하게 생각하는데, 그 예로 근거이론 접근법(Grounded Theory Approach: GTA)의 '부(負)적 사례 분석'을 들 수 있다. 상세한 설명은 관련서를 참고하기로 하고, GTA는 자료로부터 가

설을 만드는 과정에서 만들어진 가설(코드, 카테고리)을 반드시 스스로 의심
한다. 그렇기 때문에 가설에 맞지 않는 자료를 찾으려 몇 번이나 필드로 돌아
가 자료를 재수집한다. 자신의 가설을 부정하는 자료를 찾을 수 없게 되었을
때 비로소 가설 생성이 완성된다. 이렇게 연구자의 주관개입의 가능성을 묻
게 되는 연구법에서는 자기비판이 이론화에 필수불가결이다. 과학의 지식이
라는 패러다임의 근원에서 자료를 수량화하고, 통계처리에 의한 신뢰성 보장
을 통해 잃어버린 인간의 견해 능력을 활용하기 위해서 빠질 수 없는 시련이
라고 할 수도 있고, 그 결과 얻게 되는 그것은 심리임상 활동을 깊이 연구한
것과 같은 것이다.

　아베랄르멘은 이 트레이닝의 일부로, 1개의 그림에 대한 가능한 한 많은
사람의 '인상'을 수집, 검토하는 것을 들었다. 착실한 방법은 왕도이다. 담당
하는 사례에 대하여 많은 슈퍼비전을 받아 자기비판을 반복하는 것으로 심리
임상가로서의 능력이 향상된다. 이렇게 '인상'에 대한 견해의 능력을 쌓아 감
과 동시에 5단계의 해석을 진행하는 것으로 세부의 견해의 능력을 늘려 가는
것이다. 아베랄르멘의 제자인 야론(Yalon, 2006)[2]은 별-파도그림검사의 전
체와 세부, 매크로 구조와 마이크로 구조를 교차시켜 판단하는 관점을 채용
하였다. 그러한 관점은 모든 그림검사에 도입할 수 있고, 본래 인간에 대해
생각할 때 매우 중요하고 동시에 본질적인 견해이다. 이러한 훈련으로 단련
된다는 것은 눈앞의 사람의 본연의 모습으로부터 그 사람을 생각하는, 지금
여기에서 말하는 임상력이다.

제 6 장

사례연구

1. 사례연구 1: 심신질환자(아토피성 피부염 · 기관지천식 환자)

독일의 필적학자이며 심리학자인 아베랄르멘은 별−파도그림검사의 창안자인데, 발테그그림검사, 나무그림검사와 문자 필적의 네 가지는 검사 배터리로서 심리상담에 도움을 주고 있다. 이는 본래 청소년 교육상담에 도입되었는데, 심신질환자에게 이 검사 배터리를 도입한 결과 환자 이해에 도움이 되었고, 또한 치료에도 도움이 된다는 것을 알게 되었기 때문에 이 사례를 보고 한다.

1) 투사법 수준 가설을 통한 고찰

투사법에는 그 검사의 구조도가 낮으면 낮을수록 인성보다 깊은 무의식층의 정보를 얻을 수 있다는 가설이 있다. 이 가설은 '레벨 가설(Levels Hypothesis)'(Coleman, 1956)[1]로 불리며 많은 실증적인 검증이 이루어져 왔다.

투사그림검사 배터리에서 세 검사의 구조도를 검토해 보면, 테두리와 자극도형이 존재하며, 많은 피검자가 이 테두리와 자극도형을 이용하여 그림을 그리는 발테그그림검사가 별−파도그림검사와 나무그림검사 등 다른 두 개의 투사그림검사보다도 구조적인 것으로 미루어 볼 수 있다. 또한 별−파도그림검사는 주제가 모양과 형태를 가진 '나무'의 나무그림검사와 비교해 '별과 파도'이며, 모양이나 형태가 반드시 일정하지만은 않은, 소위 말하자면 부정형이다. 이런 의미에서 '나무'의 지시보다도 추상적이며, 구조도가 나무그림검사보다 낮다고 할 수 있다.

별-파도그림검사에서는 가장 심층 부분이 투사되기 쉽고, 내담자가 자기 자신을 혹은 외부세계를 어떻게 체험하고 있는지를 파악할 수가 있다. 또한 나무그림검사에서는 환경을 통해 성장하는 사람으로서의 모습이 투사된다고 여겨지며, 발테그그림검사는 현실의 사물이나 인간, 풍경 등이 투사되기 쉽고 무엇을 체험하고 있는가를 파악할 수 있다.

본 사례도 별-파도그림검사, 나무그림검사, 발테그그림검사 각각에 내담자의 다른 층이 투사되어 보다 풍부한 정보를 얻을 수 있었으며, 내담자에 대한 깊은 이해가 가능하였다.

2) 사례 개요

목이 간질간질하면서 기침을 동반한 호흡곤란 발작을 호소하는 31세 여성의 사례이다. 전에 앓았던 아토피성 피부염도 재발되어 있었다. 3세에 발병하여 그 후로는 증상의 악화와 완화가 반복되었는데, 초등학생 시기까지는 자연 경감되었다. 그러나 청년기가 되면서 재발하여 여러 가지 치료를 받아도 나아지지 않고 지속 악화된 사례이다.

진단과 치료과정에서 밝혀진 병의 발증과 경과에 관계한 재요인, 즉 유전적인 알레르기 요인이 하나의 요인으로 작용하였다. 또 하나의 요인으로는 특별히 부모의 불화가 동반한 애정 부족이나 어두운 감정의 억압, 과잉 적응 그리고 그 후에 집안의 도산이나 도주 등의 사건들에 대한 여러 가지 불안 및 분노의 감정이 지속되어 온 것을 들 수 있다. 이에 심리사회적 인자를 처리해 나가기 위하여 자발성 중화법이나 모래놀이 치료를 적용하여 진행했다.

그 경과 중에 투사그림검사 배터리를 3회(1회는 2000년 12월, 2회는 약 1년 후인 2002년 1월, 3회는 약 9개월 후인 2002년 10월) 진행하였고, 경과 과정 등에 대해 검토한 내용을 다음에 제시하였다.

3) 투사그림검사의 결과

(1) 별-파도그림검사의 결과와 고찰

`1회기([그림 6-1] 참조)`

[결과]

　요점만 있는 패턴으로, 바다의 영역이 3/4이고 별이 있는 하늘은 1/4이다. 별은 다소 오른쪽으로 치우쳐 5개 그려져 있는데, 1개는 테두리 오른쪽에 붙어 있고, 나머지 4개는 테두리 위쪽에 붙어 있다. 별은 작게 그려져 있어서 형태도 위의 테두리에서 삐져나온 듯한 것이 3개 있다. 파도는 부드러운 필적으로 섬세한 선이 들쭉날쭉하게 2개 그려져 있고, 날카로운 필적과 다소 온화한 선이 섞여 있다. 바다 영역은 아무것도 그려져 있지 않다.

[고찰]

　바다가 우위로, 감정을 억압하는 것으로 보인다. 테두리에 붙은 별은 안전성을 향한 희구를 시사하며, 겹겹이 겹쳐진 파도의 선은 불안이나 억압을 시사하는 것으로 보인다.

`2회기([그림 6-2] 참조)`

[결과]

　회화적인 패턴으로, 바다의 영역이 보다 넓어져 4/5 정도이며, 별이 뜬 하늘은 1/5이다. 다소 오른쪽에 있는 4개의 별과 오른쪽 상단에는 달이 그려져 있다. 달은 위의 테두리에서 삐져나와 있는데, 별은 4개 모두 위의 테두리에서 떨어진 곳에 그려져 있다. 별은 1회기보다는 커져 있지만, 부드러운 필적이며, 형태가 일그러진 별이 2개 있다. 파도는 불안정한 선으로 그려져 있고,

도중에 두 군데 정도 끊긴 상태에서 다시 그곳에서 그려졌다. 바다 영역에는 아무것도 그려져 있지 않다.

[고찰]

달은 오리엔테이션을 시사하기 때문에 외부, 즉 사회 방향으로 눈이 향하게 된 것으로 보인다. 또한 별을 그리는 방법을 보아 이전보다는 자신의 생각이 자리 잡혀 가는 것으로 보인다. 한층 더 바다가 우위인 것으로 보아 감정세계는 점점 커져 가 그 억압은 꽤 엷어진 것으로 볼 수 있는데, 도중에 잘린 파도의 선은 자기 신뢰의 결핍이라고 여겨진다.

3회기([그림 6-3] 참조)

[결과]

회화적인 패턴으로, 바다와 하늘이 거의 같은 비율이다. 오른쪽 상단에 날카로운 선으로 달이 그려져 있고, 별은 오망성(☆) 4개와 하얀 원의 별 12개가 하늘 전체에 배치되어 있다. 파도는 부드러운 선으로 왼쪽에서 오른쪽으로 자연스럽게 출렁이는 선으로 그려져 있다. 바다의 안에는 움직임이 있는 물고기와 문어가 날카로운 선과 부드러운 선으로 그려져 있다.

[고찰]

지성 영역과 감정 영역의 균형이 맞춰졌다고 말할 수 있다. 오른쪽 위에 확실히 그려진 달에서 사회를 향한 방향성은 2회기보다 분명해졌다. 별의 모양도 분명해졌으며, 자신의 생각이 자리 잡힌 것으로 보인다. 파도를 그린 방법으로 보아 자기에 대한 신뢰가 생기고 감정은 자연스럽게 외부에 흘려보내는 모습이 보이며, 외부를 향한 감정표현이 가능하게 되었다고 할 수 있다. 무엇보다 무의식 안에 있는 생명력이라고도 할 수 있는 물고기와 문어가 그려져 있어 감정 세계 그 자체도 풍부해졌다(억압이 풀렸다)고 말할 수 있다.

(2) 발테그그림검사의 결과와 고찰

[결과]: 밑줄 부분은 본인의 진술이다.

- 1과 8: 동심원(형식적이고 추상적)/저물어 가는 석양(회화적이고 정경적)
- 2와 7: 무언가 '푹신한 것'(형식적이고 미학적)/여자아이(회화적이고 형상적)
- 3과 5: 굴뚝이 여러 개 늘어져 있고, 거기에 화재(불꽃)가 남(회화적이고 정경적)
- 4와 6: 등대 같은 곳에서 사이렌이 요란하게 울리고 있다(회화적이고 형상적, 상징적)/자신이 살았던 기숙사(외국 유학 중)의 건물에서 불이 뿜어져 나오고 있다(회화적이고 형상적 · 상징적)

[고찰]

자아와 안정감의 주제에서는 동심원을 그리는 방법이 마지막에 원으로 마무리되지 않고 점점 밖으로 돌고 있는 것을 볼 수 있다. 자기가 파악하고 있는 부분인 것일까? 지는 태양, 즉 석양은 기분이 가라앉은 것이다. 감정과 감수성의 주제에서는 뭔지 잘 모르겠지만 푹신한 것과 인형처럼 보이는 깜짝 놀란 눈을 하고 있는 여자아이가 그려져 있고, 자극도형은 목걸이로 배치했다. 감정을 잘 모르는, 또한 감정이 굳어진 듯한 모습이 있다.

달성과 긴장의 주제에서는 불이 나는 굴뚝과 불이 붙은 토치가 그려져 있어 두 가지 모두 위기적 상황이면서 긴급한 문제라고 할 수 있다. 게다가 문제와 통합의 주제에서도 사이렌이 울리고, 자신이 살았던 기숙사에 화재가 났다. 무언가 위기상황이 일어나 SOS의 신호가 표현된 것으로 여겨진다. 불은 분노의 표현으로도 여겨지므로 문제는 이 분노를 어떻게 통제해 나가는가에 있다. 또한 불의 표현은 긴급 신호로, 호흡곤란 발작이나 아토피성 피부염의 악화와도 관계가 있는 것으로 보인다.

그림 패턴은 형식적인 패턴이 2개이며, 회화적인 패턴이 6개이다. 상징적인 패턴은 불의 표현으로 4개 있다. 이를 보아 긴급 신호가 표현되고, 이성으로 통제하려고 하지만 꽤나 어려운 상황인 것으로 보인다.

2회기([그림 6-2] 참조)

[결과]: 밑줄 부분은 본인의 진술이다.

- 1과 8: <u>고양이와 사람</u>(회화적이며 형상적)/<u>캇파</u>(회화적이며 형상적)
- 2와 7: <u>아기의 머리카락</u>(회화적이고 형상적)/<u>자고 있는 여자아이</u>(회화적이고 형상적)
- 3과 5: <u>집과 나무</u>(회화적이고 정경적)/<u>오뎅을 먹고 있는 사람</u>(회화적이고 형상적)
- 4와 6: <u>로봇의 얼굴</u>(요점만 있고 정적)/<u>국기</u>(요점만 있고 정적)

[고찰]

자아와 안정감의 주제에서는 사람의 코와 캇파(일본의 상상의 동물, 물에 산다)의 머리로 표현되었다. 고양이를 보는 사람과 일러스트 같은 귀여운 캇파는 유아성을 느끼게 하며, 자아의 체험에도 안정감이 느껴진다. 감정과 감수성의 주제에서는 아기의 머리카락과 자고 있는 여자의 눈썹으로 표현된 것으로 보아 감정과 감수성이 움직이기 시작했다고 할 수 있다. 달성과 긴장의 주제에서는 집의 벽과 오뎅으로 표현되었다. 여기서 달성 의욕은 1회기의 위기적 상황에서 빠져나와 가정적으로 변환되었다.

문제와 통합의 주제에서는 로봇의 눈과 국기로 표현되었다. 문제는 사이렌에서 로봇의 눈으로 변화하고, 통합도 국기가 양쪽으로 넓은 것으로 보아 문제를 잘 다룰 수 있게 된 것으로 보인다.

그림의 패턴은 요점만 있는 것이 2개이고, 6개가 회화적인 패턴이다. 자신의 문제에 거리를 두려고 하고 있는데, 유아기와 유초등기의 체험이 표현된 것으로 보인다.

3회기([그림 6-3] 참조)

[결과]: 밑줄 부분은 본인의 진술이다.

- 1과 8: <u>아기</u>(회화적이고 형상적)/<u>울고 있는 소녀</u>(회화적이고 형상적)
- 2와 7: <u>남성</u>(회화적이고 형상적)/<u>아이</u>(회화적이고 형상적)
- 3과 5: <u>튤립과 나비</u>(회화적이고 정경적)/<u>부친, 그리면서 화가 났다</u>(회화적이고 형상적)
- 4와 6: <u>엄마와 아이, 그러나 둘 다 자신 같은 느낌이 든다</u>(회화적이고 형상적, 상징적)/<u>아이의 자는 얼굴</u>(회화적이고 형상적 · 상징적)

[고찰]

자아와 안정감의 주제에서는 아기의 코와 울고 있는 소녀의 머리로 표현되었다. 유치원생과 같은 감정을 발산하고 있어 지금 이 사람은 아이로의 퇴행을 하고 있는 것으로 보인다. 안정감의 주제에서는 울고 있는 유치원생만 한 소녀가 그려져 있다. 퇴행을 하며 힘들었던 유아기를 간접 체험함으로써 뛰어넘으려고 하고 있는 것은 아닐까 추측해 본다.

감정과 감수성의 주제에서는 남자의 눈썹과 아이의 코로 표현되었다. 남자는 누구인지, 입꼬리가 아래로 구부러져 있는 것으로 보아 난처한 표정으로 보인다. 사람의 눈썹은 일반적으로 반응하고 있는데, 감수성의 주제에서는 남자 아이의 코로 그려져서 일반적이라고 말하기가 어렵다. 그러나 섬세함은 칠해져 있지 않고, 냄새, 향기와 연결지어 말하자면 감각 기능이 작용한 것이라고 말할 수 있다.

달성과 긴장의 주제에서는 의미가 깊은 사물이 그려져 있다. 달성의 주제에서는 여성성을 나타내는 튤립이 표현되어 있고, 또 영혼이나 변신의 의미가 있는 나비가 날고 있다. 이 여성에게 있어서 상승이나 달성의 문제는 1회기는 불을 떼는 굴뚝이었는데, 2회기는 집으로, 3회기는 꽃과 나비가 되었다. 긴장의 주제에서는 부친이 거꾸로 그려져 있다. 단적으로 부친상의 부정 혹은 부친의 문제를 뛰어넘으려는 것으로 생각해도 좋을 듯하다.

문제와 통합의 주제에서는 아이를 보고 있는 모친의 눈과 아이의 자는 얼굴이 표현되었다. 이것도 또한 의미가 깊다고 사료된다. 직선적인 자극도형에 곡선적인 생물을 투영하는 것은 주관적인 생각이 강한 경우이다. 아이인 자신을 바라보고 싶은 무의식이 표현되어 있다고 보인다. 또한 통합의 주제에서는 아이의 자는 모습이 표현되었는데, 역시 직선적인 자극도형에 인간을 투사시키고 있다. 부모의 곁에서 안심하고 자고 싶다는 메시지가 전해진다. 그리고 그 반응도 주관적인 생각이 선행되어 있다. 그녀는 퇴행을 일으켜 다시 돌봄을 받음으로써(나무그림검사의 어린 나무와 일치한다) 부친과의 관계, 모친과의 관계를 정리하여 뛰어넘으려고 하는 것은 아닌가 하는 생각이 들었다.

그림의 패턴은 직선의 자극도형에 곡선적 반응을 한 2개의 상징적인 패턴이 있고, 퇴행을 일으킨 유아 · 아이 시절의 어두운 감정을 표현했다고 보인다.

(3) 나무그림검사의 결과와 고찰

1회기([그림 6-1] 참조)

[결과]

첫인상은 넘치는 듯한 검사 용지를 벗어난 나무이다. 검사 용지의 거의 중앙에 날카로운 필적으로 그려져 있다. 위의 부분은 검사 용지에 다 담기지 못하고 상단 및 좌우에 가지와 나뭇잎이 펼쳐져 있다. 줄기의 오른쪽이 난잡한 선 또는 보풀이 인 것 같은 선으로 그림자가 그려져 있다. 줄기의 왼쪽에 잘려 있는 흔적이 있다. 비트겐슈타인 지수로는 열 살과 열다섯 살 즈음으로 추정할 수 있다. 처음의 오른쪽 가지의 위에도 같은 흔적이 있다. 가지로 나뉘는 부분은 중앙에 2개의 가지가 있으며, 오른쪽에 대각선으로 자연스럽게 큰 가지가 뻗어 있어 나뭇잎이 무성하게 그려져 있다. 왼쪽에는 가로 선에 가까울 정도의 위치에 나 있다. 뿌리와 지면은 그려져 있지 않고 나뭇잎이 떨어져 있다. 배경에 세로 선이나 기운 선이 다소 조금 그어져 있다.

[고찰]

줄기를 그린 방법에서는 대인접촉을 어려워함이 엿보인다. 부친(상)이나 모친(상)에 대한 저항이 있는 것으로 보인다. 줄기의 상처를 보아 10살과 15살즈음에 심적 외상을 받은 것은 아닐까 사료된다. 보풀이 인 듯한 그림자를 첨가한 것으로 보아 정서적인 것을 지성으로 통제하려고 하는, 즉 억압하고 있는 것으로 보인다. 나무가 검사 용지에 다 담기지 못하는 것은 앞날을 내다볼 수 없는 상태인 것으로 여겨진다. 가지나 잎의 그림을 보아 심적 외상을 받으면서도 사회화, 상승지향 등 힘껏 노력하고 있는 모습(과잉 적응)이 엿보인다. 떨어진 잎이나 배경을 그린 것으로 보아 기분이 가라앉아 있고 신경과민이 있는 것으로 여겨진다.

2회기([그림 6-2] 참조)

[결과]

첫인상은 균형이 잡히지 않은 커다란 나무이다. 검사 용지의 다소 오른쪽에 굵직한 줄기가 날카로운 선으로, 뿌리는 단단한 선으로 그려져 있다. 위쪽은 검사 용지에 다 담기지 못하고, 좌우에 작은 가지와 그 끝에 무성하게 그려져 있다. 가지에는 부드러운 선이나 섬세한 선으로 그림자가 그려져 있다. 뿌리가 몇 개 그려져 있고, 확실한 선으로 보풀이 인 것 같은 선의 그림자가 칠해져 있다. 가지가 나뉜 부분은 구멍으로 그려져 있다. 좌우에 작은 가지가 무성하게 함께 그려져 있다. 1회기와 거의 같은 위치의 줄기 좌측에 가지가 잘린 흔적이 있다.

[고찰]

줄기는 비대해지고 뿌리가 그려져 있는 것으로 보아 당면한 문제는 뿌리내림(가족 또는 사회)의 문제로 여겨진다. 뿌리내림의 문제를 힘을 담아 그린 것으로 보아 초점화되어 있고, 보풀이 인 듯한 그림자를 첨가한 것으로 보아 역시 지성으로 이해하려고 하는 것으로 보인다. 가지로 나뉘는 부분의 구멍으로 자아동일성의 문제를 알 수 있으며, 어찌할 바를 모르는 상황이라고 할 수 있다.

3회기([그림 6-3] 참조)

[결과]

검사 용지의 거의 중앙에 날카로운 선과 단단한 선으로 가는 줄기의 나무 (내담자는 어린 나무라고 설명했다) 전체가 균형 있게 그려져 있다. 줄기의 오른쪽에 부드러운 선으로 그림자가 그려져 있으며, 상처는 보이지 않는다. 가지로 나뉘는 부분은 자연스러운 형태이며, 좌우의 큰 가지에서는 작은 가지가, 나뭇잎은 날카로운 혹은 섬세한 선으로 하나하나 그려져 있다. 1회기의 왼쪽 줄기의 상처의 흔적과 거의 같은 위치에 작은 가지와 나뭇잎이 2장 그려져 있다. 이것은 열여덟 살이나 열아홉 살 즈음으로 계산할 수 있다. 지면은 부드러운 선으로 칠해져 있고, 뿌리가 좌우로 잘 뻗어 있다. 배경에 섬세한 움직이는 선으로 대각선이 그려져 있는데, 공기의 흐름으로도 보인다.

[고찰]

1회기, 2회기의 검사 용지에 다 담기지 못하고 장래를 내다보지 못하던 자기상에서 얇은 줄기나 가지, 나뭇잎을 그린 것으로 보아 어린 나무로 변화하고 있다. 퇴행을 하여 다시 돌보고 있는 것으로 보인다. 지면이 검게 칠해져 있는 것으로 보아 아직 불안함은 있지만 확실한 필적의 뿌리가 펼쳐져 있기 때문에 뿌리내림의 문제는 시간이 해결해 줄 것으로 여겨진다. 잘린 큰 가지는 지금 다시 성장하고 있는 것으로 보인다. 감정의 분화가 진행되고 대인접촉의 어려움도 해소되는 방향으로 나아가고 있는 것으로 보인다.

4) 경과와 전망

내담자는 본가의 회사가 도산한 것이나 부모의 도주 등의 사건들에서 동반된 불안과 분노 감정을 표출하고, 또한 결혼생활에 대한 불만, 병의 예후에 대한 비관적인 점 등을 언어화할 수 있게 되었다. 거기에 발병 당시의 부친의 도주나 부모의 이혼, 대학수능의 실패 등의 일과, 유아동기에 부모의 불화에서 나타난 애정 부족이나 어두운 감정의 억압, 과잉 적응 등 병의 원인이라고 생각하는 모든 일에 대해서 점차 의식적으로 언급할 수 있게 되었다. 또한 부모에 대한 공격적인 시기도 있었지만, 그것도 일단 벗어나서 객관적으로 자기 자신의 문제로 씨름하는 것이 가능하게 되었다. 일상생활에서도 편안히 지내고 느슨해지는 등 여유가 생겨서 증상도 나아지는 방향으로 향하고 있다.

이상의 결과, 투사그림검사 배터리는 감정을 언어화하는 것이 곤란한 감정 표현불능증(alexithymia)을 동반한 심신증 환자의 병리상태를 그림에 표현된 무의식의 메시지를 통해 보다 잘 이해할 수 있게 되었고, 그 후 치료의 방향성을 정확하게 명확화할 수 있게 되었다고 생각한다.

투사법의 '수준 가설'이 연구된 배경 중 하나로, 경계성 인격 장애 환자가 그 임상장면에서 비교적 건강한 측면을 보이는 한편, 로르샤흐 검사나 핑거 페인팅 등의 투사법 검사에서는 분명한 병리적 사인을 보이는 현상에 대해 흥미를 가지게 된 점이다.

스톤과 델리스(Stone & Dellis, 1960)[2]는 경계성 인격 장애 환자의 심리검사에서보다 '표층(surface)'검사(웩슬러, 문서완성법, TAT)에서 일반적인 사고 혼란은 보이지 않는 것으로 나타났다. 그러나 동일한 환자가 보다 '심층(depth)' 검사(로르샤흐 검사, 인물화검사, TAT)에서는 분명하게 비뚤어진 사고와 조현병의 병리적인 사인이 드러난 것을 보고하였다. 이러한 점에서 본 연구의 내담자와 같은 심신증의 임상사례를 임할 때에도 '표층검사'에서의 정보만이

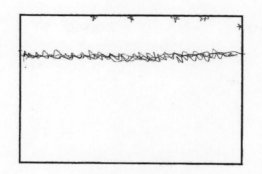

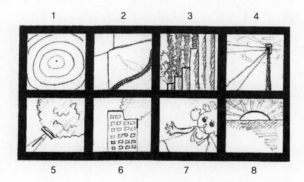

그림 6-1   1회기(×년 12월)

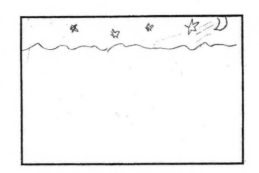

그림 6-2 2회기(×+1년 1월)

그림 6-3   3회기(×+1년 10월)

아니라, 심층적인 검사로부터 얻을 수 있는 정보의 분석이 중요하다.

최근 심신증의 증가, 신경증의 중증화, 혹은 정신병의 경증화가 지적되고 있는데, 이러한 환자층의 변화에 따라 의식수준의 마음상태를 파악하는 질문지법뿐만 아니라, 심층적인 마음을 향한 접근을 가능하게 하는 투사법은 더욱 중요성을 더해가고 있다. 투사그림검사 배터리는 로르샤흐 검사를 시작으로 하는 그 외의 투사법과 비교하면 비교적 실시가 가벼우면서도 내담자의 무의식층에서 풍부한 정보를 가져오는 도구로서 앞으로 보다 이용 가치가 높아질 것으로 보인다.

한편, 투사그림검사 배터리의 문제점으로는 투사법의 공통적인 문제점으로 객관성, 타당성의 검증이 어렵다는 것이다. 앞으로도 본 연구와 같은 사례 검토를 더해가는 한편, 해석기준의 정량화 등 보다 객관성이 있는 방법으로도 투사그림검사 배터리의 유용성을 분명히 할 필요가 있다.

2. 사례연구 2: 학교상담 장면에서 남자 중학생에 대한 적용

이 사례연구는 필자가 학교 상담자로 근무했던 중학교에서 실시한 투사그림검사 배터리를 정리한 것이다. 내담자는 등교거부를 하고 있는 중학교 2학년 남학생이다.

1) 사례 개요

아이가 걱정된다는 이유로 내담자의 어머니가 직접 학교 상담자에게 상담을 받고 싶다는 의뢰 전화를 하였다. 내담자는 급한 성질 때문에 급우에게 폭력을 가하는 경우도 많았고, 학교에 좀처럼 정을 붙이지 못하고 학교를 자주 쉬고 있었다. 그즈음, 가정에서 어머니가 내담자를 강하게 꾸짖었는데 잠시

2층에 올라갔던 내담자가 무표정하게 내려와서는 의미를·알 수 없는 말을 내뱉었다고 한다. 어머니는 자신의 아이가 '이중인격은 아닐까'라고 불안해하고 있었다.

학교 상담자가 내담자와 만나 몇 차례의 상담을 실시한 후에 정신과 진료를 받게 했으나 해리성 인격 장애나 기타 정신질환이라는 소견은 없었다. 정신과 치료가 필요한 상태까지는 아니라서 학교 상담에 의지해 계속 상담을 진행했다. 이후 일주일에 한 번 간격으로 1년간 약 30회의 상담을 진행했다.

2) 투사그림검사의 결과

학교 상담자와의 면담이 시작되고 결석하는 행동은 보이지 않았다.

내담자는 학교를 빠지지 않기 위해서 어떻게 하면 좋을까를 생각하며 매주 상담 시 이야기했다. 초기에 실시한 첫 번째 투사그림검사 배터리의 결과는 다음과 같다.

```
투사그림검사 배터리 1회기
○○○○년 4월 20일(중2, 13세 1개월)
```

별-파도그림검사([그림 6-4] 참조)

1. 그림의 분류: 감정이 담긴 패턴
2. 공간의 구조: 병치
3. 공간의 상징: 수직적 = 하늘과 바다의 거리
            수평적 = 특기 사항 없음
4. 사물의 상징: 별 = 약간 난잡한 점으로 표현
            물결 = 평온함
5. 필적: 선 긋는 법 = 물결이 한 군데가 불안정한 선으로 그려져 있다.

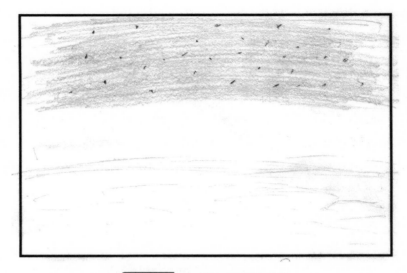

그림 6-4　별-파도그림검사(1회기)

필적 타입 = 하늘이 유연한 선으로 그려져 있다.
　　　　　 = 별이 단단한 선으로, 난잡한 선으로, 다소 고착되어
　　　　　　 있다.
　　　　　 = 물결이 섬세한 선과 부드러운 선으로 그려져 있다.
평면 처리 = 하늘을 어둡게 함

[소견]

　이 아이의 성격은 정서적인 면이 강하다(그림의 분류, 필적). 생각하는 것과
느끼는 것을 별개의 것으로 인식하고 있다(공간의 구조, 공간의 상징). 사물(일)
에 대한 사고방식은 약간 난잡하고, 스스로의 사고방식에 구애되는 면도 있
다(사물의 상징, 필적). 감정은 온화한 편이지만, 바깥을 향한 감정은 약간 불
안정한 면도 있다(사물의 상징, 필적). 전체적으로 섬세하고, 상처받기 쉬운 면
도 있는 것 같다(필적).

나무그림검사([그림 6-5] 참조)

1. 나무의 첫 인상: 쓸쓸한 나무, 작은 나무를 생각할 수 있다.
2. 공간의 배치: 왼쪽 아래에 위치하고 있다.
3. 살아 있는 유기체로서의 나무: 묵직하게 서 있지만 불안정한 가지에 나무줄기가 지탱하고 있다. 줄기껍질은 부드럽다. 주변에 아무것도 없고, 고립되어 있는 나무이다.
4. 필적 분석: 전체적으로 부드러운 선이다. 수관과 하늘 아래의 선이 섬세한 선이다. 배의 필압이 약간 강하다.
5. 생활상황: 같은 초등학교에서 진학한 동급생이 없어 중학교 입학할 때부터 급우들과 어울리지 못하였다. 정의감이 강하고 자의식도 강한 내담자는 다른 학생으로부터 듣는 욕이나 조롱을 용납하지 않고 바로 손을 올리는 행동으로 점점 주위로부터 멀어지고 있는 상태였다.

그림 6-5　나무그림검사(1회기)

[소견]

이 내담자는 항상 외로움을 느끼고 있는 면이 있는 것 같다(나무의 첫인상). 본인은 충동성이 높을 가능성이 있지만, 그렇기 때문에 고립도 자각하고 있다(살아 있는 유기체로서의 나무, 생활상황). 대인관계에서 상처받기 쉽다(필적 분석). 생각하고 있는 것이 외적으로 표현되지 않도록 신경을 쓰고 있다(공간의 배치). 고립에 불안을 안고 있다(살아 있는 유기체로서의 나무, 필적 분석).

발테그그림검사([그림 6-6] 참조)

1. 자극도형의 사용: 사용하고 있다.
2. 성질에 대한 적응: 1과 7이 적응하고 있지 않다.
3. 각 범위의 테마　① 흘러내리는 자아

② 감정을 무가치하게 표현하였다.

③ 성장욕구는 강하지 않다.

④ 문제를 없애고 싶어 한다.

모래시계	여우	굴뚝	테트리스
휴대전화	마리오	자동차	문어 모양의 비엔나 소시지

그림 6-6　발테그그림검사(1회기)

　　　　　⑤ 긴장을 약간 부자연스럽게 처리하였다.

　　　　　⑥ 문제 통합 능력이 있다.

　　　　　⑦ 감수성은 있지만 독특하다.

　　　　　⑧ 떠들지 않는 것으로 안전을 지킨다.

　4. 그림의 분류 ① 회화적 · 상징적인 패턴

　　　　　　　　② 회화적인 패턴

　　　　　　　　③ 회화적 패턴, 약간 감정이 담긴 패턴

　　　　　　　　④ 회화적 · 상징적인 패턴

　　　　　　　　⑤ 요점만 있는 패턴

　　　　　　　　⑥ 회화적인 패턴

　　　　　　　　⑦ 요점만 있는 패턴

　　　　　　　　⑧ 회화적인 패턴

　5. 필적 분석: 전체적으로 부드러운 선을 많이 사용하였다.

[소견]

　주위에 대한 적응력은 높지만(자극도형의 사용, 성질에 대한 적응) 사물을 약간 객관적으로 생각하려고 하는 경향이 있다(그림의 분류). 스스로에게 자신이 그다지 강하지 않고, 동시에 섬세한 감성을 가지고 있기 때문에 주위로부터 약간 끌려다니는 경향이 있다(각 범위의 테마, 필적 분석). 개성적인 면도 강하고, 이것들이 맞물려 주위로부터 고립되는 경향도 있는 것이 아닐까 사료된다(각 범위의 테마).

1회기: 종합 소견

　이 아이는 섬세하고 개성적이며, 주위를 신경 쓰면서도 그다지 관계하려 하지 않는 성격이다. 그것이 주위에서 보면 고립되고 있는 것처럼 보이는 면도 있지만, 실제로는 스스로를 지키고 싶어서, 상처받고 싶지 않다는 생각을 나타낸다고 할 수 있다. 그러나 아이는 타인에게 흥미는 있는데, 그것을 직접 표현하지 않는 것은 자신이 없기 때문이라고 생각된다.

　이런 이 아이의 특징을 잘 이해하고, 어른들은 아이와 친구를 이어 주는 역할을 해 주길 바란다. 아이의 상냥함을 친구들이 잘 이해할 수 있도록 장소를 설정하거나, 어른들과의 대화로 아이의 상냥함을 주위에서 이해할 수 있는 장면을 늘려 아이가 급우와의 적응이 능숙해질 수 있도록 지지해 줄 수 있을 것이다. 그런 장면이 많아질 때 어른이 아이에게 말을 걸어서 다른 사람과의 대화에 자신을 가질 수 있도록 촉구하는 것도 중요할 것이다.

> 투사그림검사 배터리 2회기
> ○○○○ +1년 2월 9일(중2. 13세 10개월)

　매 회기 상담에 즐겁게 내담하는 내담자는 전 회기 이후 일어난 사건, 특히 동급생에게 기분이 나빴던 것에 대해 이야기했다. 학교 상담자는 내담자의 분노에 공감하고, 또 노력하고 있는 점을 크게 칭찬하는 것을 중심으로 이야기를 들었다. 기분이 나빴던 에피소드는 점점 줄어들고 장래의 희망, 이성에게 느끼는 흥미, 학업에 재능이 있는가 없는가 등 자신을 들여다보는 화제가 늘어 갔다.

　면접 후기에 접어들면서 어머니로부터 내담자의 안정된 생활 모습, 가끔은 흥분해 도를 지나칠 때도 있지만 불안은 거의 없어졌다는 말을 전해 들었다. 해가 지나고 학교 상담자의 이동도 정해져 내담자와 앞으로의 일을 이야기하면서 이번 연도까지 치료를 마치겠다는 희망을 보였다. 치료 종결이 적절한지 어떤지 생각하는 것을 목적으로 두고, 두 번째 투사그림검사 배터리를 실시했다.

그림 6-7   별-파도그림검사(2회기)

별-파도그림검사([그림 6-7] 참조)

1. 그림의 분류: 회화적인 패턴, 약간 감정을 담은 패턴이 깃들어 있다.

2. 공간의 구조: 병치

3. 공간의 상징: 수직적 = 특기사항 없음

　　　　　　　　수평적 = 특기사항 없음

4. 사물의 상징: 별 = 부드러운 선으로 흐릿하게 그려져 있다.

　　　　　　: 물결 = 약간 불안정한 물결

5. 필적 분석: 선 긋는 법 = 물결 약간 불안정

　　　　　　필적 타입 = 별과 하늘, 부드러운 선

　　　　　　　　　　　= 수평선과 물결, 확실한 선과 날카로운 선의 중간

　　　　　　평면 처리 = 하늘을 어둡게 했다.

[소견]

경험을 타인과 공유하고 싶은 타입이다(그림의 분류). 사고와 감정은 비교적 조화롭다(공간의 구조, 공간의 상징). 사고는 섬세하고, 감정표현은 약간 서투르다(사물의 상징). 그러나 감정을 표현하고자 하는 생각은 비교적 강하다(필적 분석). 정서적인 성격(그림의 분류, 필적 분석).

나무그림검사([그림 6-8] 참조)

1. 나무의 첫 인상: 묵직하고 거칠게 서 있는 나무, 애처로운 나무를 생각할 수 있다.
2. 공간의 배치: 우측 위에 위치하고 있다.
3. 살아 있는 유기체로서의 나무: 생동감은 그다지 없다. 줄기는 똑바로 서 있는 것 같지만 수관은 약하디 약하다. 그림자는 정확히 그려져 있다.
4. 필적 분석: 여러 가지 필적이 사용되고 있지만, 문제의 징후라고 말할 수 있는 선은 없다. 태양을 손가락으로 비벼서 퍼지게 한 것이 특징적이다.
5. 생활상황: 생략

그림 6-8   나무그림검사(2회기)

[소견]

언뜻 보기에 강력하지만, 마음 내면의 충실함은 그다지 표현되어 있지 않다(나무의 첫인상, 살아 있는 유기체로서의 나무). 역광의 가운데에 있는 나무는 내면을 보여 주고 싶지 않다는 생각의 표현이라고 말할 수 있다(살아 있는 유기체로서의 나무). 그림자의 자잘한 묘사는 자신의 본심을 보여 주고 싶지 않지만, 일부 보여 주고 싶다는 모순된 생각의 표현일지도 모른다(필적 분석). 유니크한 표현방법을 갖고 있다(필적 분석).

발테그그림검사([그림 6-9] 참조)

1. 자극도형의 사용: 사용하고 있다.

2. 성질에 대한 적응: 1이 적응하고 있지 않다. 4도 약간 부적응하고 있다.

3. 각 범위의 테마 ① 자아가 명료하지 않다.

②감정표현은 활동적이지만 상세하게 알기 어렵다.

③성장욕구는 조금 있다.

④문제를 얼렁뚱땅 넘기려고 하지만, 도망가지 않으려는 생각이 있다.

⑤긴장의 처리는 능숙하지 못하다.

⑥다른 물건을 정리하는 능력이 있다.

⑦섬세하고 건전한 감수성을 지니고 있다.

⑧조금 장난치는 것으로 안정감을 지킨다.

4. 그림의 분류 ① 형식적인 패턴

② 회화적인 패턴

③ 회화적인 패턴

④ 회화적 · 상징적인 패턴

⑤ 형식적인 패턴

⑥ 요점만 있는 패턴

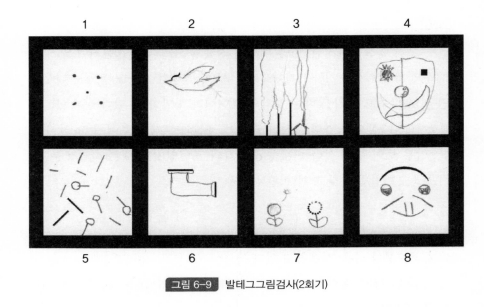

그림 6-9 발테그그림검사(2회기)

⑦ 회화적인 패턴

⑧ 회화적 · 상징적인 패턴

5. 필적 분석: 대부분 정확히 선이 그어져 있다. 민들레의 솜털 부분이 부드러운 선으로 되어 있다. 피에로에는 날카로운 선을 사용하였다.

[소견]

주위에 적응이 거의 되어 있다(자극도형의 사용, 성질에 대한 적응). 자기에 대한 자신 없음을 소탈한 표현으로 숨기려고 하는 면이 있다. 그것은 적응적인 동시에 콤플렉스도 나타내고 있다(각 범위의 테마, 그림의 분류). 감수성이 풍부하고, 문제에 처했을 때 자기 나름대로 잘 정리하여 처리할 수 있지만, 그 개성이 주위에 전달되지 않는 것도 있는 듯하다(각 범위의 테마, 필적 분석). 이 아이가 자신의 문제를 어떻게 받아들여 마주대하고 극복해 나갈 것인지가 앞으로의 주제가 될 것이다(각 범위의 테마).

2회기: 종합 소견

이 아이는 풍부한 감수성을 가지고 있고 섬세한 자신을 안에 숨기고 있으면서 그것을 표현하는 것이 능숙하지 않고, 때때로 자신을 포장하여 나타내는 것으로 대인관계에서 받는 상처를 피하려고 하는 경향이 있다. 주위의 어른들은 그가 내면을 바라볼 수 있도록 촉구하고, 콤플렉스를 대면하여 뛰어넘을 수 있도록 조력자로서의 역할을 해 줄 필요가 있다. 그렇게 하기 위해서는 그가 '자신'에 대해서 말할 때 관심을 가지고 이야기를 듣고, 자기에 대한 부정적인 생각이 표현된다고 하여도 무리하게 긍정적으로 생각하게 하지 말고, 고통을 나누는 것과 같은 모습으로 다가가길 바란다. 그가 자신의 섬세하고 부드러운 사고를 장점으로 받아들이게 되면 자신에 대한 새로운 발견을 얻을 수 있고, 자신의 존재에 대해 근본적인 자신감을 가질 수 있게 될 것이다.

1회기와 2회기의 결과를 비교하여

고독감/외로움의 감소가 보이는 한편, 난잡함, 자기에 대한 자신 없는 모습이 증가하기도 했다. 이것은 주위에 적응하게 됨과 동시에 자신을 바라보게 되고, 고민하는 기회가 늘어났기 때문이라고 여겨진다. 그러나 이것은 사춘기에는 당연한 과제로서 받아들이고, 피하려고 하지 않고 마주보려고 하는 것이 중요할 것이라고 생각하여 종결을 위한 대화를 하였다.

그리고 두 번째 그림검사의 결과를 통하여 종결하는 것이 좋다고 판단하였다. 내담자가 희망하는 대로 그해 말 학교 상담자의 이동과 동시에 상담이 종결되었다. 종결이 가까워질 무렵에는 담임을 포함한 학년 교사들과 학생지도부에도 내담자의 변화, 즉 폭력 등의 문제행동의 감소와 학교 적응력의 향상이 보고되었다.

피드백의 중요성

　본 사례에서는 매 회기마다 투사그림검사 배터리를 실시할 때, 그림을 통하여 내담자와 상담사 두 명이 세세하게 이야기를 하였다. 그것은 상세한 해석을 바르게 전달하였다고 말하는 것이 아니라, 그림에 대한 내담자의 자유로운 이야기, 상담사의 인상을 중심으로 몇몇의 해석 가능성을 제안하고 그것에 대한 내담자의 의견을 듣는 형태로 진행했다. 첫 번째 투사그림검사 배터리 실시 시 구체적인 대화를 예로 든다면 다음과 같다.

　(상담사로부터 피드백을 들은 후에)
　내담자: 심리검사는 무시 못 하겠어요. 전부 읽히니까요.
　상담사: 읽어 내기 위해서 그려 달라고 한 게 아니야. 네가 조금이라도 즐겁게 살기 위해서 지금 마음의 상태를 생각하도록 하는 것이 목적이야.
　내담자: (피드백을 다시 되새기며) 다른 사람이 혼나는 걸 보고 있으면 나도 무서워지고, 어떤 말을 들어도 흔들리지 않으려고 힘주고 있어도 '최악이야'라는 말을 듣게 되면 욱하고 올라와요.
　상담사: 신경을 너무 쓰지 않는 게 중요할지도 모르겠다.

　이 대화 후에는 공부 이야기로 전환하여 숙제가 밀리면 힘든데 결석하면 숙제가 더 밀리고 더 힘들어지기 때문에 결석하지 않으려고 노력하고 있다는 이야기로 발전해갔다. 이상으로 그림을 그린 직후의 피드백은 내담자가 자신을 깨닫기 위한 계기가 되는 것이 잘 나타나 있다.

맺음말

먼저 나와 투사그림검사 배터리와의 만남을 만들어 준 공동저자인 스기우라 쿄코 선생님에게 감사의 뜻을 표하는 것으로 맺음말을 시작하고 싶다. 스기우라 선생님이 별-파도그림검사를 처음 알려 준 것은 내가 아직 대학원생이었을 시절이며, 스기우라 선생님이 이는 매우 유용한 그림검사라고 힘을 실어 설명해 주신 것을 기억하고 있다. 나 자신은 이러한 새로운 것을 발견하는 직감을 갖고 있지는 않지만, 스기우라 선생님은 이러한 감각에 매우 뛰어난 편이어서 그가 끌리는 것이라면 진짜라고 여겨져 공부를 시작했다. 이러한 '직감을 갖고 있는 분'을 직감으로 찾아내는 능력은 나도 비교적 가지고 있는 편이라고 생각한다. 그런 덕분에 지금까지 많은 선생님으로부터 여러 가지를 배울 수 있었다.

이 책의 기획이 이루어진 것은 내가 공립중학교의 학교 상담사를 시작한 시점이었다. 즉, 이 책의 집필과 학교 상담사의 일을 동시에 시작한 셈인데, 그것이 나에게 있어서 큰 도움이 되었다. 학교 상담사를 시작하고 3년이 경과한 때부터 사례 수가 점점 늘어나면서 조금씩 여유가 생기게 되었다. 여유가 생기고는 새로운 활동을 향한 도전의식이 생겼는데, 나의 경우에는 '학교 상담 현장에서 진단을 충실하게 하고 싶다.'는 생각이 그것이었다.

현장에서의 학교상담 활동과 이바라키현 임상심리사협회의 회원으로 활동하면서 학교 상담사를 향한 여러 평가, 예산의 움직임도 볼 수 있게 되었다. 거기에서 나 자신의 학교상담 활동의 질을 높여야 한다는 초조함을 느낀 것도, 진단에 대한 충실을 향한 동기부여를 높일 수 있는 기회도 가지게 되었다.

　진단을 충실히 하기 위해서는 심리검사의 도입이 필요하지만, 이미 많은 문헌에 쓰여있는 것처럼 학교상담에서 심리검사의 어려움은 도입 시기와 검사의 위화감에 있다. 진단에 사용하기 위해서는 되도록이면 빠른 시기에 도입하는 것이 좋지만, 병원이나 교육상담소와 같이 '외래'의 임상 현장과 비교하여 학교상담은 학교생활이라고 하는 말하자면 '일상' 중에서의 임상 현장이다. 내담자에게 울타리가 낮은 만큼, 비일상적인 심리검사를 조기에 도입하는 것은 분위기에 맞지 않는 어려움이 있다. 몇십 년 역사의 경력을 가진 베테랑 상담사는 여기서 실로 여러 가지 심리검사를 진단도구로서 도입시키고 있다. 그러나 나를 포함한 경험이 얕은 임상가도 많은 현재의 학교상담 현장에서 되도록 가볍게, 보다 정확한 심리검사를 도입하고 싶다는 마음은 일본 전역에서 이루어지지 않을 꿈과 같이 여겨지고 있다.

　꿈을 이루는 하나의 답은 그림검사이다. 비일상적인 분위기는 비교적 약하지만, 투사법으로서의 잠재적인 힘은 강하다. 오가와 토시키(小川俊樹)의 일련의 연구[오가와 & Piotrowski, 1992; 오가와, 이토(伊籐)·다나베(田辺), 1997; 오가와, 후쿠모리(福森), 카쿠다(角田), 2005]를 통해 그림검사의 대표격인 나무그림검사가 임상 현장에서의 사용빈도면에서 줄곧 1~3위 안에 든다는 것을 보면 알 수 있다. 이 책에서 소개한 나무그림검사와 함께 별-파도그림검사, 발테그그림검사 3종류의 투사그림검사를 배터리로 묶은 진단도구는 내가 학교상담 현장에서 구하고 있는 것이었다. 이번 집필을 위해 스기우라 선생님과 함께 기획을 하고, 브루노 라이너 선생님의 강의를 들으면서 진행한 것은 이 책이 출판의 형태로서뿐만 아니라, 나에게 있어서 학교상담 현장에서 활용하는 진단방법을 배우는 일련의 슈퍼비전으로서도 결실을 맺을 수 있었다.

　단적으로 말해서, 투사그림검사 배터리가 특히 학교상담 활동에서 효과가 있다는 것을 보여 주고 있다. 이 방법을 울쥬라 아베랄르멘 선생님이 착상한 것으로, 그녀의 학교상담 활동으로부터 비롯된 것이니 이는 당연한 일일 것이다. 아베랄르멘 선생님이 유럽에서 증명하신 것과 같이, 이 책의 출판이 일본에서도 투사그림검사 배터리가 효과가 있다는 것을 보여 주는 계기가 되기를 바란다.

그리고 더욱이 투사그림검사 배터리가 의료, 산업, 복지 등 여러 심리임상 활동의 현장에 보급되는 것을 기대하고 있다. 사견이지만 학교상담에서 유효한 심리검사는 다른 많은 현장에서도 적용하기 쉽다는 반응을 보인다. 아동, 보호자, 교사라는 여러 연령, 여러 주된 증상을 가진 내담자가 만나 학교 내의 상담실이라는 여러 제한을 가진 학교상담에서 쉬운 도입과 높은 진단 효과를 인정받는다면, 이를 응용하지 못하는 현장은 거의 없지 않을까? 여기서 투사그림검사 배터리의 만능을 주장하려는 것은 아니다. 물론 한계는 많다. 본 검사에서 지능이나 미세한 정신질환의 양태를 보는 것은 어려우며, 내담자에 따라서는 실시 시간도 나름 걸릴 수 있다. 그리고 치료 전문가와 내담자의 관계가 충분히 세워져 있다고 할지라도 "아무리 해도 그림은 그리기 싫다."라고 말하는 내담자에게는 전혀 힘을 쓰지 못한다.

자신이 가지고 있는 이론과 기법의 한계를 알아가면서 그것들을 잘 짜맞추어 사용하는 능력, 즉 끌어내는 능력이 높은 것이 우수한 심리임상가의 하나의 조건인 셈이다. 이 책이 독자에게 그것들을 하나라도 더 끄집어낼 수 있도록 도움을 준다면 기쁠 것이다. 한편, 우리 연구자의 다음 과제는 투사그림검사 배터리에 대해서 여러 연령, 여러 병리상태의 내담자의 정보를 많이 수집하고 분석하여 기초데이터와 사례를 제시하는 것이라고 생각한다.

이 책은 두 명의 공저자만으로 완성시킨 것이 아니다. 먼저 사례를 제공해 주신 내담자나 연구협력자 모든 분께 감사의 마음을 전한다. 임상심리 사례 연구는 내담자 분들에게 늘 도움을 받고 있다. 또한 이 책의 교정을 수년에 걸쳐 참고 기다려 주신 카와시마(川島) 서점의 스기히데 아키(杉秀明)에게 진심으로 감사드린다. 마찬가지로 많은 시간을 할애하며 원고 수정을 도와주신 스키가라 노조미(鋤柄のぞみ), 다케우치 아미(竹内愛美), 헤이타 마리코(平

田まり子), 한다 에리카(半田恵里佳)에게도 감사를 전하고 싶다. 여러분의 도움 없이는 이번 출판까지 이르지 못했을 것이다. 그리고 마지막으로 집필을 끝까지 함께해 준 나의 가족에게 감사의 마음을 전하며 원고를 마친다.

2012년 6월
가네마루 류타(金丸隆太)

참고문헌

제1장

1) 岡堂哲雄 1993 心理テストとは 岡田哲雄編集 心の科学 増刊心理テスト 入門 8 日本{評論社, 2-7.

2) 杉浦京子・香月菜々子・鋤柄のぞみ 2005 投映描画法テストガイドブック 山王出版.

3) Frank, L. K. 1939 Projective methods for the study of personality. *Journal of Psychology, 8,* 389-413.

4) Coleman, J. C. 1956 The levels hypothesis:A re-examination and reorientation. *Journal of Projective Techniques & Personality Assessment, 33*(2), 118-122.

5) Bolander, K. 1977 *Assessing Personality Through Tree Drawing.* Basic Books.〔カレン・ボーランダー著／高橋依子訳 1999 樹木画によるパーソナ リティの理解ナカニシヤ出版〕.

6) Hammer, E. F. 1958 *The Clinical Application of Projective Drawings.* Springfield, Ill.: C. C. Thomas.

7) 高橋雅春 1993 HTTP テスト 上里一郎監修 心理アセスメントハンドブック 西村書店, 173-185.

8) 角野善弘 2004 絵画療法から見たこころの世界―統合失調症の事例を中心に 日本評論社.

9) Furth, G. M. 1998 *Secret World of Drawings: Healing through art.* Sigo Press.〔グレッグ・M・ファース著／角野善弘・老松克博訳 2001 絵が語る秘密―ユング派分析家による絵画療法の手引き 日本評論社〕.

10) Bach, S. 1990 *Life Paints Its Own Span―The significance of spontaneous cures by severly ill children.* Daimon.〔S・バッハ著/老松克博・角野 善宏訳 1998 生

命はその生涯を描く―重病の子どもが描く自由画の意味 誠信書房〕.

11) 金田 晋 1994 絵画と現象学 木田 元・野家啓一・村田純一・鷲田清一編集 現象学事典 弘文堂, 49-50.

12) 早坂泰次郎 1999 間主観性 [intersubjectivity] 伊藤隆二・恩田 彰編集臨床心理学辞典 八千代出版, 94.

13) Cooper, J. C. 1978 *An Illustrated Encyclopedia of Traditional Symbols.* Thames and Hudson Ltd. 〔J. C. クーパー著/岩崎宗治・鈴木繁夫訳 1992 世界シンボル辞典 三省堂〕.

14) Riedel, I. 1958 Bilder *in Therapie, Kunst und Religion.* Dieter Breitsohl AG Zurich. 〔イングリッド・リーデル著/城 眞一訳 1996 絵画と象徴―イメージセラピー―青土社〕.

15) Rhyner, B. 2000 星と波テストとは Rhyner, B.・鈴木康明・杉浦京子共著 星と波テスト入門 川島書店, 1-21.

16) Davido, R. 1976 *Le Lngage du dessin d'enfant.* Presses de la Rennaissance, Paris. 〔ロザリーヌ・ダヴィド著/若森栄樹・荻本芳信訳 1984 子どもは絵で語る 紀伊國屋書店〕.

17) 槇田 仁 1983 SCT 筆跡による性格の診断―表出行動についての基礎研究 金子書房.

제2장

1) Rhyner, B.・杉浦京子・鈴木康明共著 2000 星と波テスト入門 川島書店.

2) 鈴木康明 2002 カウンセリングにおける星と波テストの実際 Rhyner, B.・鈴木康明・杉浦京子共著 星と波テスト入門 川島書店, 151-183.

3) 杉浦京子・鈴木康明 1998 日本における星と波テストの試み 日本心理臨床 学会第17回大会発表論文集, 552-553.

4) 杉浦京子 2002 日本における星と波テスト Rhyner, B.・鈴木康明・杉浦京 子共著 星と波テスト入門 川島書店, 111-148.

5) 秋山さと子 1991 第19回箱庭療法講習会テキスト 日本総合教育研究会, 49.

6) Avé-Lallemant, U. 1994 *Der Sterne-Wellen-Test.* Ernst Reinhardt Veralag München.

〔ウルスラ・アヴェ=ラルマン著/小野瑠美子訳 投映描画法テスト研究会責任編集 2003 星と波テスト―発達機能・パーソナリティの早期 診断 川島書店〕.

7) Cooper, J. C. 1978 *An Illustrated Encyclopedia of Traditional Symbols*. Thames and Hudson Ltd.〔J. C. クーパー著/岩崎宗治・鈴木繁夫訳 1992 世界シンボル辞典 三省堂〕.

8) 鈴木康明 2001 死別の悲しみへの援助 国士舘大学文学部人文学会紀要, 34, 13-28.

제3장

1) Wartegg, E. 1939 *Gestaltung und Charakter: Ausdrucksdeutung zeichnerischer Gestaltung und Entwurfeiner charakterologischen Typologie.* Leipzig: Barth.

2) 東 昇・大谷 亘 1958 精神分裂病におけるWartegg-Zeichentest 精神神経学雑誌, 60, 293.

3) 渥美冷子 1960 パースナリティ研究のための1つの有効な手段としてのワルテッグ描画テスト 心理学研究, 31(2), 121-125.

4) 入江是清 1966 精神分裂病者の絵画に関する臨床精神医学的研究―自由画, ワルテッグ描画テスト, 絵画療法― 東邦医学会雑誌, 13(4), 217-234.

5) 岩渕忠敬 1970 Wartegg-Zeichen-Test の健康人に対する試験的適用 順天堂大学文理学紀要, 13, 63-73.

6) 岩渕忠敬 1971 Wartegg-Zeichen-Test の健康人に対する試験的適用 (I) 順天堂大学文理学紀要, 14, 59-71.

7) 岩渕忠敬 1972 Wartegg-Zeichen-Test の健康人に対する試験的適用 (II) 順天堂大学文理学紀要, 15, 27-36.

8) 岩渕忠敬 1973 Wartegg-Zeichen-Test の有効性に関する研究I 信頼性の検討 順天堂大学文理学紀要, 16, 33-38.

9) 岩渕忠敬 1974 Wartegg-Zeichen-Test の有効性に関する研究II 描画能力が Kinget 法による判定に及ぼす影響 順天堂大学文理学紀要, 17, 31-45.

10) 岩渕忠敬 1975 Wartegg-Zeichen-Test の有効性に関する研究III Kinget 法の判定の妥当性の検討 順天堂大学文理学紀要, 18, 7-15.

11) 岩渕忠敬 1976 Wartegg-Zeichen-Test の有効性に関する研究IV Kinget 法と

Wartegg 法の評価法の比較 順天堂大学文理学紀要, 19, 28-35.

12) 正保春彦 1999 矢田部-ギルフォード性格検査から見たワルテッグ描画テストの反応内容に関する基礎的研究 臨床描画研究, XIV, 167-182.

13) 栗村昭子 2000 内田・クレペリン検査とワルテッグ描画テストに関する一考察 関西福祉大学紀要, 4, 73-77.

14) 杉浦京子・香月菜々子・鋤柄のぞみ 2005 投映描画法テストガイドブック 山王出版.

15) 詫摩武俊・渥美零子 1966 ワルテッグ描画テスト 井村恒郎監修 臨床心理検査 法 医学書院, 204-226.

16) Lossen, H., & Schott, G. 1952 *Gestaltung und Verlaufs—dynamik*. Biel, Schweiz. Institute für Psycho-Hygiene.

17) Kinget, G. M. 1952 *The Drawing-completion Test*. New York: Grune and Stratton, Inc.

18) Avé-Lallemant, U. 1994 *Der Wartegg-Zeichentest in der Lebensberatung*. Ernst Reinhardt Veralag München.〔ウルスラ・アヴェ=ラルマン著/高辻玲子・杉浦まそみ子・渡邊祥子訳 投映描画法テスト研究会責任編集 2002a ワルテッグ描画テスト―心理相談のための 川島書店〕.

19) Avé-Lallemant, U. 1994 *Der Sterne-Wellen-Test*. Ernst Reinhardt Veralag München.〔ウルスラ・アヴェ=ラルマン著/小野瑠美子訳 投映描画法テスト研究会責任編集 2003 星と波テスト―発達機能・パーソナリティの早期診断 川島書店〕.

20) Avé-Lallemant, U. 1996 *Baum-Tests*. Ernst Reinhardt Veralag München.〔ウルスラ・アヴェ=ラルマン著/渡辺直樹・坂本堯・野口克巳訳 投映描画法テスト研究会責任編集 2002b バウムテスト―自己を語る木: その解釈と診断 川島書店〕.

21) 杉浦京子 2002 ワルテッグ描画テスト(Wartegg-Zeichentest, WZT) について このはな心理臨床ジャーナル, 7(19), 138-143.

제4장

1) Bolander, K. 1977 *Assessing Personality Through Tree Drawing*. Basic Books.〔カレン・ボーランダー著/高橋依子 1999 樹木画によるパーソナリティの理解 ナカニシヤ出版〕.

2) Buck, J. N. 1966 *H-T-P: House–Tree-Person projective technique, Rev. Manual.* Beverly Hills, Calif. Western Psychological Services.

3) Castilla, D. 1994 *Le test de l'arbre: Relations humaines et problémes actuels.* MASSON. 〔ドゥーニーズ・ドゥ・カステイーラ著/阿部恵一郎訳 2002 バウムテスト活用マニュアル―精神症状と問題行動の評価― 金剛出版〕.

4) Stora, R. 1963 Le tested dessin de l'arbre, principales methodes. *Bull. Psychol,* 17(2–7, 225), 253–264.

5) Jung, C. G. 1945 *Der philosophische Baum.* 〔C. G. ユング著/老松克博監訳 工藤昌孝訳 2009 哲学の木 創元社〕.

6) 赤祖父哲二(編著) 1993 英語イメージ辞典 三省堂.

7) Cooper, J. C. 1978 *An Illustrated Encyclopedia of Traditional Symbols.* Thames and Hudson Ltd. 〔J. C. クーパー著/岩崎宗治・鈴木繁夫訳 1992 世界シンボル辞典 三省堂〕.

8) *Koch, K. 1949 Der Baumtest. Der Baumzeichenversuch als psychodiagnostisches Hilfsmittel,* 1 stu ed. Bern: H. Huber.

9) Hiltbrunner, H. 1946 *Bäume.* Artemis–Verlag, Zürich.

10) Buck, J. N. 1953 Tests of Personality: Picture and drawing techniques. In Contributions toward medical psychology: Theory and psychodiagnostic methods, ed. Aweider. New York: Ronald.

11) Hammer, E. F. 1958 *The clinical application of projective drawings.* Springfield, Ill.: C. C. Thomas.

12) Avé–Lallemant, U. 1996 *Baum–Tests.* Ernst Reinhardt Veralag München. 〔ウルスラ・アヴェ=ラルマン著/渡辺直樹・坂本堯・野口克巳訳 投映描画法テスト研究会責任編集 2002 バウムテスト―自己を語る木: その解釈と診断 川島書店〕.

13) Silverstein, S. 1964 *The giving tree.* Haper Row Publishers. 〔シェル・シルヴァスタイン著/本田錦一郎訳 1994 おおきな木 篠崎書林〕.

14) 中園正身 2005 樹木心理学の提唱と樹木画法への適用 北樹出版.

15) 杉浦京子・八木早霧 2002 不登校児の親の会における投影描画法テストバッテリーとその意義―投影描画法テストバッテリーから見た母親の変化― 日本医科大学

基礎科学紀要, 第32号, 63-93.

제5장

1) 中村雄二郎 1992 臨床の知とは何か 岩波書店.

2) Yalon, D. 2006 *The Star-Wave Test Across the Life Span Advances in Theory,
research and practice.* International Graphological Colloquium.

제6장

1) Coleman, J. C. 1956 The levels hypothesis: A re-examination and reorientation.
Journal of Projective Techniques and Personality Assessment, 33(2), 118-122.

2) Stone, H. K., & Dellis, N. P. 1960 An exploratory investigation into the levels
hypothesis. *Journal of Projective Techniques and Personality Assessment, 24,*
333-340.

찾아보기

인명

내용

스기우라 쿄코(杉浦京子)

와세다대학교 교육학부 교육심리 졸업
와세다대학교 학생상담센터 심리전문상담원
니혼의과대학교 심리학 전임강사
쓰쿠바대학교 대학원 교육연구과 카운셀링코스 수료
니혼의과대학교 심리학 조교수(부교수) 학생상담실장 겸임
도쿄복지대학교 사회복지학부교수
도쿄복지대학교 심리학 부교수
와세다대학교 · 도쿄대학교 시간강사, 쓰쿠바대학교 · 도쿄대학교 대학원 시간
  강사 등을 역임
현   예술치료연구소 소장
    임상심리사, 예술치료사, 일본예술치료학회 평의원, 일본심신의학회 대의원

-주요 저서 및 논문-
『사천왕사 카운슬링 강좌 8』(공저, 창원사, 2008)
『임상심리학 강의』(도키서점, 2002)
『별파도검사 입문』(공저, 천도서점, 2000)
「투사그림검사의 동향과 전망」(공동 연구, 일본예술치료학회지, 2003)
「심신증환자의 투사그림검사 검토」(공동 연구, 일본예술치료학회지, 2002)
「콜라주요법의 시도」(공동 연구, 일본예술치료학회지, 1990)

가네마루 류타(金丸隆太)

와세다대학교 제1문학부 철학과 심리학 졸업
도쿄도 히가시구루메시 교육센터 타키야마상담실 상담원
와세다대학교 대학원 문학연구과 심리학전공 석사과정 수료
쓰쿠바대학교 대학원 교육연구과 강사
현 쓰쿠바대학교 대학원 교육연구과 부교수
    임상심리사, 국제교류분석협회인정 교류분석사, 일본교류분석학회 평의원

-주요 저서 및 논문-

『학생지도·진로지도·교육상담 텍스트』(공저, 북대로서점, 2011)
『'아이를 잘 모르겠다고' 고민하는 선생님에게 전하는 충고』(공저, 명치도서출판, 2009)
『처음 배우는 심리학』(공저, 북극출판, 2006)
「콜라주요법에서 '자르기'의 의의」(쓰쿠바대학임상심리연구, 2012)
「아동양호시설에서 생활하는 초등학생의 콜라주 표현」(공동 연구, 쓰쿠바대학교육실천연구, 2011)
「지진 시 양호교사의 아동지원에 기대하는 것」(학교건강상담연구, 2011)

역자 소개

이근매(Keun-mae, Lee)

−학력−
일본 쓰쿠바대학교 교육연구과 장애아교육전공(교육학석사)
대구대학교 대학원 특수교육학과 정서장애아교육전공(문학박사)

−주요 경력−
일본 쓰쿠바대학교 小林정서장애아연구실(임상수련)
우석대학교 특수교육연구소 연구원
대전특수아치료교육실 개원(1994년 대전발달장애연구소, 2002년 사)한국아동발달지
    원연구소로 개명)
한국미술치료학회부설 대전미술치료연구소장(겸직)
평택대학교 재활상담학과/상담대학원 미술치료학과 교수
평택대학교 부설 미술치료상담원장
(사)한국아동발달지원연구소장, 한국미술치료학회장
한국예술심리치료학회장 역임
현 평택대학교 재활상담학과 및 상담대학원 미술치료학과 교수
    한국미술치료교수협의회장, 한국콜라주심리상담전문가협회장
    보건복지부 발달재활서비스 자격제도 미술심리재활 분과위원장
    교육부 '신규 및 전직 전문상담교사 교육과정' 개발 및 운영 책임자
    학교폭력 피해학생 보호지원 및 치유지원 프로그램 개발 연구책임자

-주요 저 · 역서-

아동 미술치료기법(학지사, 2019)

예술치료(개정판, 공저, 시그마프레스, 2019)

미술치료 이론과 실제(양서원, 2018)

상징사전(공저, 학지사, 2017)

심리상담 이론과 미술치료(공역, 전나무숲, 2017)

콜라주 진로상담(공저, 학지사, 2015)

다문화가족 갈등관리의 이론과 실제(공저, 시그마프레스, 2014)

장애아동미술치료(공저, 학지사, 2014)

실버 그림검사와 그림 이야기 검사(공역, 시그마프레스, 2013)

예술심리치료 전문가를 위한 표현예술활동(공역, 시그마프레스, 2012)

모자화(공역, 시그마프레스, 2012)

콜라주 미술치료(공저, 학지사, 2010)

노인미술치료(공역, 시그마프레스, 2009)

다문화 가족을 위한 미술치료(평택대학교 다문화가족센터, 2009)

다문화가족 행동치료(공저, 양서원, 2008)

매체경험을 통한 미술치료의 실제(공저, 시그마프레스, 2008)

투사그림검사
별-파도그림검사, 발테그그림검사, 나무그림검사

Projective Drawing Techniques Test Battery:
Star Wave Test, Wartegg Drawing Test, Baum Test

2019년 8월 25일 1판 1쇄 인쇄
2019년 8월 30일 1판 1쇄 발행

지은이 • 스기우라 쿄코(杉浦京子) · 가네마루 류타(金丸隆太)
옮긴이 • 이근매
펴낸이 • 김진환
펴낸곳 • ㈜ 학지사

　　　　04031 서울특별시 마포구 양화로 15길 20 마인드월드빌딩
대표전화 • 02-330-5114　　팩스 • 02-324-2345
등록번호 • 제313-2006-000265호

홈페이지 • http://www.hakjisa.co.kr
페이스북 • https://www.facebook.com/hakjisa

ISBN 978-89-997-1898-4　93180

정가 15,000원

이 도서의 국립중앙도서관 출판시도서목록(CIP)은 서지정보유통지
원시스템 홈페이지(http://seoji.nl.go.kr)와 국가자료공동목록시스템
(http://www.nl.go.kr/kolisnet)에서 이용하실 수 있습니다.
(CIP 제어번호: CIP2019031879)

출판 · 교육 · 미디어기업 **학지사**

간호보건의학출판 **학지사메디컬** www.hakjisamd.co.kr
심리검사연구소 **인싸이트** www.inpsyt.co.kr
학술논문서비스 **뉴논문** www.newnonmun.com
원격교육연수원 **카운피아** www.counpia.com